中国法学专业评估报告

ZHONGGUO FAXUE ZHUANYE PINGGU BAOGAO(2020)

2020

中国政法大学法学教育研究与评估中心◎编

 中国政法大学出版社

2021·北京

图书在版编目（ＣＩＰ）数据

中国法学专业评估报告. 2020/中国政法大学法学教育研究与评估中心编.—北京：中国政法大学出版社，2021.6
　ISBN 978-7-5620-9984-0

　Ⅰ. ①中… Ⅱ. ①中… Ⅲ. ①法学－高等教育－教育评估－研究报告－中国－2020 Ⅳ. ①D90-4

中国版本图书馆CIP数据核字(2021)第098930号

出　版　者　　中国政法大学出版社
地　　　址　　北京市海淀区西土城路 25 号
邮　　　箱　　fadapress@163.com
网　　　址　　http://www.cuplpress.com (网络实名：中国政法大学出版社)
电　　　话　　010-58908435(第一编辑部) 58908334(邮购部)
承　　　印　　固安华明印业有限公司
开　　　本　　650mm×960mm　1/16
印　　　张　　11.75
字　　　数　　186 千字
版　　　次　　2021 年 6 月第 1 版
印　　　次　　2021 年 6 月第 1 次印刷
定　　　价　　56.00 元

一、背景

编写这部报告，虽然我们战战兢兢，但若不前行，又怎能识别美景！

这些年来，高等教育大事不断。2017年1月24日，为贯彻落实党中央、国务院关于建设世界一流大学和一流学科的重大战略决策，教育部、财政部、国家发展改革委制定印发《统筹推进世界一流大学和一流学科建设实施办法（暂行）》（教研〔2017〕2号）。

近年来，法学教育领域重大事件接踵而至，十八届四中全会之后，习近平总书记于2017年5月3日专门考察中国政法大学，就全面推进依法治国、法学教育、法治人才培养和青年成长成才等方面发表重要讲话。

在高等教育"双一流"建设背景下，需要我们关注高等教育质量；在全面推进依法治国背景下，需要我们关注法治人才培养质量。在教育强国和法治中国的碰撞之中，建设一流的高等法学专业教育之要求应运而生。

什么是一流的大学？什么又是一流的学科？

建设一流大学之高校，应是经过长期重点建设、具有先进办学理念、办学实力强、社会认可度较高的高校，须拥有一定数量之国内领先、国际前列的高水平学科，在改革创新和现代大学制度建设中成效显著之高校。

建设一流学科之高校，应具有居于国内领先或国际前沿的高水平学科，学科水平在有影响力的第三方评价中名列前茅，或者该校之学科属国家之急需、具有重大的行业或区域影响、学科优势突出、具有不可替代性的地位。

那何谓一流？除文件定性之规定，有无通行之标准？谓之法学教育又当如何适用？

一般而言，"双一流"建设的遴选需要关注六大要素：人才培养、科学研究、社会服务、文化传承与创新、师资队伍建设和国际交流与合作。这六个要素中，人才培养应为根本，科学研究和社会服务应为两翼，其他则为保障。

国际评估是否如此，在以学生为中心的高等教育理念统摄下，中国高等教育应该走向何种一流？中国法学教育应该走向何种一流？我们又是否应制定自己的标准？

首先，纵观当今诸多评估及其指标体系，于法学教育之效果，国内外的评价指标多如牛毛。

作为中国高等教育中的一大领域，现有的法学教育评估常常要纳入到本科教学合格评估和审核式评估之中，不同的评估形式，其评估指标也不尽相同。如本科教学水平评估更关注高校各个专业本科教学水平是否达到一定的标准问题，而审核式评估则是用高校自己的发展目标来对自己的本科教育进行审核检验，以验证目标设定的适应度问题，法学教育只是其中的一个评估点。除此之外，法学教育的评估还有关于研究生教育的学位点评估，以及法学专业学科评估等不同形式。

除了官方层面的评估外，法学教育的评估也存在着诸多非官方的评估，这些评估往往纳入到世界大学排名的分类评估之中，比较著名的有"QS 世界大学排名"（QS World University Rankings）。该排名是由教育组织 Quacquarelli Symonds（QS）所发表的年度世界大学排名，排名包括主要的世界大学综合排名及学科排名。QS 世界大学排名主要基于四个方面和六个性能指标。四大方面分别为：高校科研、教学、就业能力和国际化。六个性能指标及所占分值比例分别为：学术声誉（40%）、雇主声誉（10%）、师生比例（20%）、高质量论文（20%）、国际教员比例（5%）和国际学生比例（5%）。QS世界大学排名中，对于法学专业进行了专业性排名，根据其标准体系，哈佛大学、剑桥大学、牛津大学、耶鲁大学、纽约大学、斯坦福大学和伦敦政治经济学院的法律专业分列世界前七位。

除此之外，"泰晤士高等教育世界大学排名"也较为著名。它由Thomson Reuters提供，是全球以判定世界大学成绩为目标的组织机构，主要研究世界范围内大学的教学任务、科研水平、论文引用及国际化的内容。该排名聘请了来自学生、学者、大学领导、行业及政府人士进行细致校对性能指标，为人们提供全面、均衡的排名结果。《泰晤士报》大学排名涵盖了更多非美国的大学，尤其是英国的大学。相对于QS世界大学排名，该排名更重学术研究，评价指标更看重学校声誉。在具体指标权重方面，虽然泰晤士世界大学排行榜指标体系不断变化，但经典指标和分值权重一般为：学术满意度（15%）、科研质量（15%）、师生比（10%）、生均服务和设施投入（10%）、入学成绩（10%）、毕业率（10%）、雇主评价（10%）、获得第一学位或更高第二学位的学生比例（10%）、毕业生去向（10%）。在法律专业排名方面：根据最新的英国大学法律专业排名情况，从2015年Times英国大学法律专业排名中可以看出，剑桥大学排名位于榜首，其次依次为牛津大学、杜伦大学、诺丁汉大学、伦敦政治经济学院等。

此外，美国大学排名方面，《美国新闻与世界报道》（U. S. News & World Report）凭借其多年来持续发布最权威的美国大学排名而为中国家长和学生所知悉。在教育走向全球化的大背景下，为满足世界各地考生在全球范围选择理想大学的需要，U. S. News于2014年12月28日首次推出了全球大学排行榜，并于2015年10月6日公布2016年U. S. News世界大学排名榜单。在具体指标设置方面：《美国新闻与世界报道》世界大学排名的一级指标含有学术声誉（25%）、新生录取水准（10%）、师资实力（20%）、学生保有率（20%）、财政资源（10%）、校友赞助（10%）、毕业率履行情况（5%）等。

我国比较著名的排名体系是上海交通大学的"世界大学学术排名"（Academic Ranking of World Universities，ARWU），这是由上海交通大学世界一流大学研究中心的研究人员独立研究完成的。世界一流大学研究中心（Center for World – Class Universities，CWCU）长期致力于世界一流大学、大学评价与排名等方向的理论研究与实际应用。中心自成立以来，已出版了10余本有关世界一流大学研究的著作，包括与联合国教科文组织欧洲高等教育研究中心共同编辑出版的全球范围内第一本有关世界一流大学研究的英文著作《World – Class Universities and Ranking：Aiming Beyond Status》（《世界一流大学与排名：超越地位》）。其具体的指标设定包括获奖校友（10%）、获奖教师（15%）、高被引科学家（25%）、论文数（25%）、高质量论文比例（25%）等。

我国包括法学教育在内的高等教育评估排名虽然起步较晚，但也在该领域产生了一定的影响。需要指出的是，在国际排名体系纷繁复杂的今日，每一个评估体系都带有鲜明的本国特色，简单地套用，显然不是明智的做法。三思过后，对于中国的评估体系建设而言，以上这些评估体系仅具备参考之作用，不能照本宣科，按图索骥。因此，国内评估在参考国际通行评估指标体系的同时，也应当发展形成一系列独特的评估体系。其中，就民间而言，目前已经形成的较为有影响力的评估体系主要包括如下五个：

1. 世界大学学术排名（ARWU），是上海交通大学高等教育研究院开发的中国大学排名。其具体的指标设定包括获奖校友（10%）、获奖教师（15%）、高被引科学家（25%）、论文数（25%）、高质量论文比例（25%）等。

2. 武汉大学中国大学排行榜，是武汉大学中国科学评价研究中心于2004年开始推出的大学排名。其具体的指标设定包括办学资源（16.71%）、教学水平（26.16%）、科学研究（45.31%）和学校声誉（11.82%）等。

3. 网大中国大学排行榜，是网大论坛开发的中国大学排名。其具体的指标设定包括声誉（15%）、学术资源（20%）、学术成果（22%）、学生情况（12%）、教师资源（19%）和物资资源（12%）。

4. 校友会网大学排行榜，这是我国首个起源于网络评选的大学排名。不仅大学排名数据由网友提供，而且排名的评价指标体系及权重也是通过网络投票决定的。其具体的指标设定包括人才培养（42.37%）、科学研究（41.71%）和综合声誉（15.92%）等。

5. 武书连大学排行榜，是武书连团队开发的中国大学排行榜，由广东管理科学研究院于 1993 年 6 月开始正式发布国内大学排名。其具体的指标设定包括人才培养（57.95%）和科学研究（42.05%）。

二、原则与问题说明

国内外高等教育评估排名及其指标体系，构成了我们将法治中国和高等教育强国融合的法学专业评估体系之背景。在吸收国内外各个指标体系的基础上，结合有效性原则，本着体现中国特色、关注人才培养、坚持学生为中心的原则，我们设计了自己的评估指标体系。

这些指标体系可能并不完善。但在现实的条件下，可能是如今能够做到的最大化处理。

1. 数据观点基本以学生为中心。所有的数据，无论是师生比、教师数量、课程结构、课生比、稳定度、深造率等，基本都围绕着人才培养这一高等教育之中心任务来展开，坚持了"以学生为中心"的高等教育理念。

2. 对科学研究的评价坚持"质"与"量"统一的原则。对于科学研究，既有 C 刊的评价，也有知网的评价；既有整体数量的评价，也有平均数量的评价，都坚持了"质"与"量"统一的原则，以避免个别院校以取巧方式在某个专项获得高分。

3. 体系综合考量就业发展的质量。在就业与发展指标上，综合考量各个法学院校促进学生就业发展的质量，我们以深造人数暂时作为比较指标。究其原因，除了数据的可及性之外，深造人数还可以反映出一个法学专业院校培养高素质法治专门人才的能力和学校争取高端协同人才培养资源的竞争力之所在。

诚然，所有的评估体系都存在缺陷，所有的问题基本都源于数据，我们的体系也不例外。因此，我们对本体系涵盖的一些问题作出说明与阐释。

1. 数据来源的科学性问题。本评估报告数据基本来自官方机构发布的数据信息，对于一些没有及时更新的院校，可能会存在一定的科学性误差。

2. 数据的缺失问题。一些院校的部分数据存在缺失问题，为了保持指标可比性，在无法找到真实可靠数据的前提下，我们会根据总体指标水平中该院校排名位置，对该项数据进行估算排名。因此，一些院校虽然没有具体项目数据，但仍然会有相关排名，其处理方式大体如此。

3. 主观评价的缺失问题。目前来说，世界评估的趋势是主观因素越来越占据优势，越来越具有主导地位，但本评估报告仍以客观数据为主。其主要考虑因素在于，中国学术界相对内敛，对外宣传力度往往不大，或自我表扬意识不强。因此，主要关涉主观评价的同行评价、雇主评价等问题，在第一次评估报告中并没有放入。这或许也是本报告令人遗憾的地方。

当然，在所有的问题上，我们都坚信，起步就好。我们第一次专门性地对一个专业进行了多维度的评价，给社会各界提供了一个可供参考的对象，我们也热烈欢迎社会各方，针对本报告的各种不足，毫不保留地提出批评、提供建议。

三、体系创新与数据更新

《中国法学评估报告（2020）》在 2019 年法学评估体系的基础上，以提高评估客观性、准确性为目标，大胆进行体系与结构创新。

在数据体系与结构架设方面，通过对指标的细化处理，在教学队伍、教学资源指标内，增设教学队伍专业化与课程多样性指标，扩充评价体系的覆盖面与数据的充分性程度，使评价体系更具科学性、完整性。在科学研究指标之中，相对于先前采取数据总量的评价模式，本年度评估报告则更体现学校科研近况，选取近5年的数据，从评价可行性和有效性上对体系进行整体提高。

在数据获取与更新方面，在对于体系指标科学论证的基础上，对科学研究指标进行了调整与修正，将C刊与论文的评价尺度从总数调整至近5年发布情况，使数据可以更清晰地体现各高校在科研领域建设上的进步与提升。学校设置方面本年度通过增加立格联盟与教指委委员所在高校，总计新增17所高校数据，增长9.04%，使得评估覆盖面不断扩大，评估体系日渐完善。

我们惟愿，在经过各方的指正与不断完善之后，这一报告体系越来越完善，越来越符合我国之国情。希望我们共同努力，为中国高等教育之教育强国和法治中国建设的国家战略，贡献一份绵薄之力。

中国政法大学法学教育研究与评估中心
2021 年 1 月

目 录

第一编

指标介绍及综合排名

中国法学专业评估报告指标说明

根据法学教育评估体系，从以下几个方面进行指标设置的介绍性描述：

一、指标制定的依据

评估团队前期首先综合性地研究了国内外各现有体系的优缺点，总结出其体系中共有的指标以及可以被我国当前实际所采用的相关指标，将其记录下来。后经过查阅相关文献并且线上线下采访老师同学们对中国法律教育的看法，着重记录下学者、老师和同学们评价一个法学院时所着眼的角度和方面。

随后，评估团队主要通过学校官网、本科教学质量报告、本科就业质量报告来查找数据。由于2014年以后，教育部不再提供学校相关信息，最新信息都需要重新查找，耗时很大。此外，评估团队通过多方合作，以及其他渠道获得一些难以获取的资料。对查找所得到的各个评估进行初步筛选，再结合之前参考国内外优秀评估体系以及咨询有关学者。评估团队之所以依据中国官方大学评估指标体系的相关指标来确定，是因为对于中国法学院指标评估体系的建立应当是官方大学评估指标体系中的一部分，两者应当是总分关系。法学院指标的确定既需要依照总的大学体系，又需要带有法学院自己的特征、自己独特的评价指标。综合比较国内外代表性的大学和学科排名，评估团队总结出以下几个必然关注的要素，包括人才培养、科学研究、师资队伍、国际化和办学资源。同时，参照我国双一流学校建设的标准以及我国未来教育建设的重点，包括重点落实人才培养国际化和就业质量，量质并重，狠抓科研产出，大力加强师资队伍建设以及全面提升国际化办学水平。综合各方面考虑因素，最终确立了教学队伍、教学资源、人才培养、就业与发展、科学研究这五个一级指标和21个二级指标以及38个具体指标，具有一定的科学性。

二、评估的目标

构建中国法学院评估指标体系，有助于实现以下目标：

（一）创新高校法学院质量评估的研究方法，弥补中国法学院评估指标体系方面的研究空白

相较于国外拥有的成熟稳定的法学院评估指标体系，国内却缺少一个具有权威性和科学性的对各个高校法学院进行衡量的评估体系，这在一定程度上阻碍了法学教育理论和法学教育的发展。构建中国法学院评估指标体系，有利于改善目前的理论空白，完善评估方法，实现中国法学院评估理论与实践的对接。

（二）帮助各大法学院明确各自优势，找准自身定位，为其提供发展方向上的指导

通过对评估结果的横纵对比，可以为各大法学院的未来发展提供科学的引导，相较于不断试错的传统路径，在一定程度上降低了差错可能性。以中国政法大学为例，通过评估结果，中国政法大学能更好地明确自身优势和不足，从而根据需要制定正确的发展战略，不断提升法科实力和国际化水平，加快中国政法大学法学院跻身世界一流法科强校的步伐。

（三）形成高校法学院间的良性竞争，督促中国各大法学院切实承担起应负的社会责任

通过构建中国法学院评估指标体系并对各大法学院的实力进行综合排名，有助于为广大学生提供正确指导，帮助其选择适合自身就读的院校，实现法学院与法学生的顺利对接，促进人才的培养。此外，有助于督促高校法学院切实承担起应有的社会责任，引导法制观念的进步与传播，在扩大自身社会影响力的同时，助力"依法治国"总目标的实现。

（四）科学评定院校实力，促进国家教育资源的合理配置

通过构建中国法学院评估指标体系，有助于对应具体院校实力与需要来统筹资源调度，提升资源利用效率，提高资源转化比率。以我校为例，借助该体系得出的评估结果，部分资源的需求缺口将得到正视和弥补，从而有利于国家教育资源的合理配置。

三、法学教育评估体系与其他各类评估的区别

（一）针对全国法学院建立评估体系的创新性选题符合社会发展需要

从相关论文以及其他学术资料中得出，相较于国外拥有的成熟稳定的法学院评估指标体系，国内缺少一个具有权威性和科学性的对各个高校法学院进行衡量的评估体系，因此，此次选题针对国内的这一体系的严重匮乏性进行创新性建立和优化。首先，对中国各法学院的正确评估，可以为报考的各学生和家长提供更加具有说服力的法学院排名数据；其次，该创新性体系的建立还可以为国内各法学院的定位和发展前景指明方向，使各高校法学院的特色得到凸显，在诸多法学院中找准定位；最后，建立该评估体系的最终目的就是适应国家法制建设的需要，通过评估体系使国内各法学院明确未来发展方向，从而能够培养出更多优秀的法科精英，响应我国"依法治国"的相关政策，使其能够推动我国未来的法制建设发展，更好地为我国的法律事业做出突出贡献。

（二）数据体系的创新性构建

教学资源与教学评估用于衡量教师教学质量。作为教育的主体之一，教师扮演着极其重要的角色，教学资源的多少和优劣很大程度上决定了学生受教育水平的高低。此次体系的构建能够对中国各法学院的教学资源进行评估，从而得到科学的具有说服力的结果，有利于更好地衡量教师的教学质量，使其向更优方向发展。

不同高校法学院的人才培养方案具有很大的差异性，并且不同高校的优势学科不同，对法科的重视程度也都不尽相同。通过评估体系来衡量教学方案的合理性，可以为各大法学院人才培养方案的制定提供科学依据。

对于各大高校，生源质量对学校的核心竞争力起着决定性作用。学生的学习力是高校核心竞争力的本质。通过创新性的评估体系，让优秀的生源进一步了解高校的教学情况，从而能够提高高校生源和教学资源的匹配度。

（三）数学模型的创新性选择

利用 AHP 模型对学术数据体系进行创新性构建。与此同时，此次评估体系的构建针对中国各大高校法学院，搜集查阅与中国法学院评估相关的各类指标，是极具创新性的评估指标，综合考虑了各大因素对数据评估体系的作用，使体系更加科学完善。

四、评估体系的参考依据

《统筹推进世界一流大学和一流学科建设总体方案》中明确提出了我国一流学科建设高校应具有居于国内前列、国际前沿的高水平学科，学科水平在有影响力的第三方评价中进入前列，或者国家急需、具有重大的行业或区域影响、学科优势突出、具有不可替代性。在法治社会之下，法学学科建设就是一项十分重要的内容，参照法治较为完善的国家，我国也建立了法学教育评估体系，我国设置法学教育评估体系的参考依据如下：

通过查阅国际国内大学排名和指标体系相关资料，在国际大学排行榜中，目前最具有影响力的有：泰晤士报世界大学排行榜（THE）、QS世界大学排行榜、美国世界大学排行榜（US News）、加拿大麦克林世界大学排行榜（MUR）。国内较具权威性的大学排行及指标体系有：上海交通大学的世界大学学术排名（ARWU）、武汉大学中国大学排行榜、网大中国大学排行榜、校友会网大学排行榜以及武书连大学排行榜。上述的教学评估体系的制定以及发布者中既有国际国内知名的权威教育机构中心，又包括网络上的各大论坛和研究团队。通过对比和总结，综合比较国际国内代表性的大学和学科排名，我们将总结出的评估中必然受到关注的几个要素作为我们评估体系的参考依据。

在国际教学评估体系的四大排名中，泰晤士以英国大学为中心，美国新闻与世界报道以美国院校为中心，而 QS 世界大学排名院校明星对世界大学进行排名，在我国推进双一流建设的背景下，以 QS 世界大学排名的标准为依据具有重大意义。QS 世界一流大学评估依据有教学指标、科研指标、就业能力指标、国际化指标、基础设施指标、在线/远程学习指标、社会责任指标、创新指标、艺术与文化指标、包容性指标、专业标准和他的加权标准。

对于评估体系中所需数据来源，主要参考高校官网发布的教学资源数据（主要为高校每年发布的教学质量评估报告）、科学研究成果公布、毕业生去向数据（主要为高校每年发布的毕业生就业质量报告）。

五、评估体系的科学性体现

（一）基础指标体系构建

根据双一流大学建设的遴选要素构建评估指标体系：综合比较国际国内代表性的大学和学科排名，总结出的人才培养、科学研究、师资队伍、国际化、办学资源这五大要素为该评估体系的一级指标构建提供目标，一级指标的选取需要反映这几大要素才是有效的、科学的。故本体系首先确定生源质量、教学队伍、教学资源、人才培养、科学研究、就业与发展、认可度为一级指标。一级指标选取能够全面反映评估高校的综合实力，为指标体系的再细化夯实基础。

（二）参考体系

本指标体系的构建以知名国际大学排名及指标体系为参考，结合我国大学的基本国情，构建出真正反映我国大学建设状况的指标体系。

泰晤士报世界大学排行榜指标体系包括五个一级指标：教学环境（30%）、科研产出（30%）、科研影响力（30%）、国际化（7.5%）、产业收入（2.5%）以及13个二级指标。QS世界大学排行榜指标体系则更为繁琐，设立了11个一级指标，二级指标有49个，足以见其评估体系的庞大。虽然该体系细致完善，也存在一定的不合理之处。其创新的一级指标包括专利、衍生公司、工业研究三个二级指标，却共占五十分的比例，与社会责任、艺术与文化为同等的比值，是国际能力比值的1/3。这在一定程度上不利于促进各大学创新事业的蓬勃发展。此外，该体系在很多细节方面不适用于中国国情，无法照搬照抄。比如，在该体系中，艺术、文化两块的标准占到50分，包括音乐会和展览会20分、名誉和文化奖励20分、文化投入10分。显然，在我国各大学都注重发展音乐和展览艺术的可能性并不大，比例不应当如此之高，而文化投入则应当是文化建设方面的重点，比例理应适当提高。再谈美国世界大学排行榜指标体系和加拿大麦克林大学排行榜指标体系，两者较为简练，但是仍然带有鲜明的本国特色，对中国的评估体系都具有一定的借鉴意义，但仍需要斟酌取舍。

我国国内大学五大排行榜及指标体系一定程度上结合了我国的国情以及我国大学发展的状况，但仍存在着一些不足之处。比如，网大和校友会网大学排行榜都是由论坛以及网名来决定的，特别是后者，不但大学排名数据由网友提供，排名的评价指标体系及权重也是通过网络投票决定。而武汉大学的排名榜体系是 2004 年推出的，武书连大学排行榜更是 1993 年就发布了，距今已有很多年月。我国大学教育事业发展如此迅速，教育指导方针和侧重点也有了很大的变化，我们理应期待新的更符合时代发展要求的大学教育评估体系的出现。关于中国官方大学两个评估指标体系，则较为客观详细，可以借鉴。本体系致力于建立法学专业排名指标体系，既应当是大学评估体系中的分支部分，又应当有自己法学评估的特色，将排行榜细化，构建适用于中国法学院排行的指标体系，使指标选取更具有针对性和普适性。故本体系在参考诸多评估体系、科学容纳大学评估体系后又进行细化、完善，弥补了我国法学院评估指标体系方面的空白。

（三）数据收集的科学性

各类排行榜数据基础时效性不佳，未及时更新，数据与实际情况不符，导致部分学校法学院排名较为靠后。以中国政法大学为例，在 QS 法学专业中国上榜高校数据中，中国政法大学的"国际师资"超过 300 人，但体系中的数据却为 10 人；"国际教师比"实际超过 30.8%，体系中的数据仅为 0.8%；"本研比"实际为 58.42%，体系中数据为 40.60% 等。此类数据与实际情况相差较大，科学性与准确性大大降低。而本体系的数据来源均为学校官网或学校官方发布的各类报告，如《毕业生就业质量报告》和《教学质量报告》等，数据来源科学可信，提高了评估体系的科学性。

六、数据获取方式与更新渠道

（一）数据获取方式

中国政法大学法学教育评估体系数据，主要根据各校《本科教学质量报告》《本科就业质量报告》《教育部直属高校二○一五年基本情况统计资料汇编》，以及各院校官方网站相关数据收集、整理、汇编而成。

（二）数据更新渠道

各类指标体系建成后，需要完善各校信息化建设与促进校际交流：一方面通过各校官方网站，更新相关教学、就业质量报告相关数据内容；另一方面，通过相关学校主动提交数据更新申请，对该校进行针对性数据更新和替换。

中国法学专业评估报告（2020）评估结果[*]

学校名称	排名
中国政法大学	★★★★★
中国人民大学	★★★★★
北京大学	★★★★☆
清华大学	★★★★☆
华东政法大学	★★★★☆
武汉大学	★★★★☆
西南政法大学	★★★★☆
对外经济贸易大学	★★★★
南京大学	★★★★
吉林大学	★★★★
上海交通大学	★★★★
中南财经政法大学	★★★★

---

[*] 本书中以☆代表半颗星，级别低于★。

续表

学校名称	排名
浙江大学	★★★★
厦门大学	★★★★
西北政法大学	★★★☆
北京航空航天大学	★★★☆
复旦大学	★★★☆
辽宁大学	★★★☆
南开大学	★★★☆
北京师范大学	★★★☆
重庆大学	★★★☆
中山大学	★★★☆
湘潭大学	★★★☆
南京师范大学	★★★☆
中南大学	★★★☆
苏州大学	★★★☆
四川大学	★★★☆
东南大学	★★★☆
山东大学	★★★☆
同济大学	★★★
大连海事大学	★★★
中央财经大学	★★★
黑龙江大学	★★★
上海财经大学	★★★
甘肃政法学院	★★★
烟台大学	★★★
中国人民公安大学	★★★
湖南大学	★★★
西南财经大学	★★★

续表

学校名称	排名
中国海洋大学	★★★
安徽大学	★★★
郑州大学	★★★
江西财经大学	★★★
湖南师范大学	★★★
海南大学	★★★
浙江工商大学	★★☆
福州大学	★★☆
深圳大学	★★☆
华中科技大学	★★☆
广东财经大学	★★☆
西安交通大学	★★☆
云南大学	★★☆
兰州大学	★★☆
暨南大学	★★☆
中央民族大学	★★☆
河南大学	★★☆
山东政法学院	★★☆
上海政法学院	★★☆
华南理工大学	★★☆
华中师范大学	★★
上海大学	★★
华东师范大学	★★
新疆大学	★★
内蒙古大学	★★
贵州大学	★★

续表

学校名称	排名
河北大学	★★
山西大学	★★
宁波大学	★★
广东外语外贸大学	★★
上海对外经贸大学	★★
广州大学	★★
广西民族大学	★★
华侨大学	★★
北京理工大学	★★
北京外国语大学	★☆
上海海事大学	★☆
首都师范大学	★☆
河南财经政法大学	★☆
沈阳师范大学	★☆
哈尔滨工业大学	★☆
天津师范大学	★☆
东北财经大学	★☆
河北经贸大学	★☆
西北大学	★☆
福建师范大学	★☆
西南民族大学	★☆
昆明理工大学	★☆
北京交通大学	★☆
山西财经大学	★☆
华东理工大学	★
中南民族大学	★

学校名称	排名
南京航空航天大学	★
武汉理工大学	★
河海大学	★
长春理工大学	★
青岛大学	★
南京财经大学	★
杭州师范大学	★
扬州大学	★
中国农业大学	★
北京林业大学	★
北方工业大学	★
广西大学	★
常州大学	★
北京工商大学	★
华北电力大学	★
华南师范大学	★
上海师范大学	★
外交学院	★
中国民航大学	★
南京工业大学	★
东北师范大学	★
吉林财经大学	★
重庆邮电大学	★
北京科技大学	★
浙江师范大学	★
华中农业大学	★

续表

学校名称	排名
河北师范大学	★
浙江农林大学	★
东北大学	★
安徽财经大学	★
江西师范大学	★
北京化工大学	★
中国地质大学	★
南京农业大学	★
辽宁师范大学	★
中华女子学院	★
吉首大学	★
燕山大学	★
安徽师范大学	★
河南师范大学	★
延边大学	★
西南科技大学	★
广西师范大学	★
哈尔滨工程大学	★
云南财经大学	★
浙江财经大学	★
首都经济贸易大学	★
西北师范大学	★
浙江工业大学	★
天津大学	★
山东师范大学	★
湖南工业大学	★

续表

学校名称	排名
长安大学	★
中国科学院大学	★
南京理工大学	★
西南大学	★
沈阳工业大学	★
江西理工大学	★
山东财经大学	★
南京审计大学	☆
淮北师范大学	☆
天津工业大学	☆
华东交通大学	☆
北京邮电大学	☆
中国石油大学	☆
湖北大学	☆
西北农林科技大学	☆
南昌大学	☆
贵州民族大学	☆
天津财经大学	☆
四川师范大学	☆
长春工业大学	☆
青海民族大学	☆
中南林业科技大学	☆
云南民族大学	☆
中国青年政治学院	☆
东北林业大学	☆
贵州师范大学	☆

学校名称	排名
山东科技大学	☆
西南交通大学	☆
陕西师范大学	☆
西安财经学院	☆
宁夏大学	☆
江南大学	☆
中国矿业大学	☆
大连理工大学	☆
天津商业大学	☆
吉林师范大学	☆
西北民族大学	☆
兰州财经大学	☆
西安建筑科技大学	☆
中国计量学院	☆
中国科学技术大学	☆
中国刑事警察学院	☆
上海社会科学院	☆
新疆财经大学	☆
太原科技大学	☆
四川省社会科学院	☆
新疆师范大学	☆
哈尔滨商业大学	☆
西北工业大学	☆
电子科技大学	☆
中国社会科学院大学	☆
石家庄经济学院	☆

续表

学校名称	排名
中共中央党校	☆
西安政治学院	☆
国防大学	☆
海军大连舰艇学院	☆
中央司法警察学院	☆
南京政治学院	☆
塔里木大学	☆
中国人民武装警察部队学院	☆

第二编

分指标排名

一、教学队伍－生师比

一级指标：教学队伍。

二级指标：生师比。

指标说明：生师比＝在校法科学生数／专任教师总数；在校法科学生数为自然年度 12 月 31 日在校法学专业总人数（包括法学、知识产权、监狱学和未分配到具体专业的学生数量）。

生师比与学校排名呈负相关趋势。生师比越低，则每个老师所负责学生越少，教学质量与授课水平越高，与学校水平呈正相关趋势，故排名越高。

学校名称	在校法科学生数	专任教师总数	生师比	排名
南京工业大学	123	50	2.46	1
上海交通大学	198	69	2.87	2
南昌大学	161	50	3.22	3
北京航空航天大学	202	60	3.37	4
西安建筑科技大学	189	56	3.38	5
西安交通大学	181	50	3.62	6
南京师范大学	255	69	3.70	7

学校名称	在校法科学生数	专任教师总数	生师比	排名
淮北师范大学	330	80	4.13	8
天津大学	241	56	4.30	9
太原科技大学	168	37	4.54	10
青岛大学	291	64	4.55	11
东北大学	323	67	4.82	12
南京航空航天大学	114	23	4.96	13
沈阳工业大学	223	44	5.07	14
河北师范大学	371	66	5.62	15
吉林师范大学	242	43	5.63	16
西北大学	305	52	5.87	17
哈尔滨工业大学	104	17	6.12	18
同济大学	243	39	6.23	19
北京理工大学	339	49	6.92	20
华中师范大学	259	37	7.00	21
北京师范大学	639	90	7.10	22
兰州财经大学	449	61	7.36	23
新疆师范大学	362	49	7.39	24
宁夏大学	540	73	7.40	25
长春理工大学	306	39	7.85	26
重庆大学	530	67	7.91	27
首都师范大学	162	20	8.10	28
暨南大学	422	52	8.12	29
中央财经大学	512	63	8.13	30
哈尔滨工程大学	178	21	8.48	31
中国海洋大学	409	48	8.52	32
湖南大学	601	70	8.59	33

续表

学校名称	在校法科学生数	专任教师总数	生师比	排名
宁波大学	781	89	8.78	34
大连海事大学	608	69	8.81	35
安徽大学	568	64	8.88	36
河海大学	356	40	8.90	37
湘潭大学	633	70	9.04	38
东南大学	501	54	9.28	39
浙江大学	569	61	9.33	40
海南大学	574	61	9.41	41
安徽财经大学	514	54	9.52	42
南京大学	660	68	9.71	43
重庆邮电大学	337	34	9.91	44
上海对外经贸大学	594	59	10.07	45
北京邮电大学	121	12	10.08	46
中国计量学院	487	48	10.15	47
江西财经大学	660	64	10.31	48
清华大学	602	58	10.38	49
江西理工大学	240	23	10.43	50
武汉大学	1219	116	10.51	51
首都经济贸易大学	425	40	10.63	52
贵州大学	546	51	10.71	53
北京化工大学	537	50	10.74	54
东北林业大学	730	66	11.06	55
福州大学	620	56	11.07	56
西南科技大学	602	54	11.15	57
湖北大学	357	32	11.16	58
中国人民大学	1462	130	11.25	59

续表

学校名称	在校法科学生数	专任教师总数	生师比	排名
安徽师范大学	687	61	11.26	60
西南财经大学	704	62	11.35	61
山西财经大学	804	70	11.49	62
外交学院	254	22	11.55	63
湖南师范大学	1001	86	11.64	64
杭州师范大学	572	49	11.67	65
对外经济贸易大学	632	54	11.70	66
华南理工大学	691	59	11.71	67
哈尔滨商业大学	449	38	11.82	68
华中科技大学	687	58	11.84	69
山东政法学院	2257	190	11.88	70
河北大学	1110	93	11.94	71
东北财经大学	478	40	11.95	72
中国矿业大学	181	15	12.07	73
苏州大学	762	63	12.10	74
中南林业科技大学	351	29	12.10	74
上海海事大学	690	57	12.11	76
西南交通大学	485	40	12.13	77
辽宁大学	667	55	12.13	77
上海财经大学	631	52	12.13	77
中国政法大学	5708	467	12.22	80
浙江工商大学	1016	83	12.24	81
内蒙古大学	607	49	12.39	82
沈阳师范大学	661	53	12.47	83
中国青年政治学院	566	45	12.58	84
南开大学	736	58	12.69	85

续表

学校名称	在校法科学生数	专任教师总数	生师比	排名
上海大学	631	49	12.88	86
中国石油大学	233	18	12.94	87
天津工业大学	480	37	12.97	88
北京交通大学	416	32	13.00	89
浙江工业大学	846	65	13.02	90
南京财经大学	773	59	13.10	91
北方工业大学	316	24	13.17	92
常州大学	529	40	13.23	93
天津财经大学	506	38	13.32	94
中南民族大学	773	58	13.33	95
厦门大学	1085	81	13.40	96
燕山大学	336	25	13.44	97
南京理工大学	442	32	13.81	98
江南大学	418	30	13.93	99
吉林大学	1333	95	14.03	100
华北电力大学	337	24	14.04	101
甘肃政法学院	2748	195	14.09	102
吉林财经大学	651	46	14.15	103
山西大学	804	56	14.36	104
东北师范大学	925	64	14.45	105
青海民族大学	395	27	14.63	106
四川大学	986	67	14.72	107
新疆财经大学	604	41	14.73	108
北京工商大学	533	36	14.81	109
山东财经大学	1210	81	14.94	110
华东交通大学	272	18	15.11	111

学校名称	在校法科学生数	专任教师总数	生师比	排名
云南财经大学	545	36	15.14	112
天津师范大学	622	40	15.55	113
广东外语外贸大学	1069	68	15.72	114
中国农业大学	239	15	15.93	115
北京科技大学	322	20	16.10	116
广州大学	1047	65	16.11	117
广西大学	575	35	16.43	118
浙江农林大学	528	32	16.50	119
中央民族大学	860	52	16.54	120
华东理工大学	504	30	16.80	121
中华女子学院	303	18	16.83	122
中国民航大学	274	16	17.13	123
云南民族大学	567	33	17.18	124
中南大学	947	54	17.54	125
深圳大学	1544	87	17.75	126
扬州大学	787	43	18.30	127
南京农业大学	263	14	18.79	128
华侨大学	889	47	18.91	129
长安大学	286	15	19.07	130
西安财经学院	617	32	19.28	131
北京外国语大学	487	25	19.48	132
华东师范大学	800	41	19.51	133
复旦大学	1134	58	19.55	134
黑龙江大学	1180	60	19.67	135
烟台大学	1028	51	20.16	136
大连理工大学	304	15	20.27	137

续表

学校名称	在校法科学生数	专任教师总数	生师比	排名
北京大学	1573	77	20.43	138
华南师范大学	907	44	20.61	139
广东财经大学	1718	82	20.95	140
江西师范大学	682	32	21.31	141
中南财经政法大学	4479	210	21.33	142
河南大学	1336	62	21.55	143
天津商业大学	1062	49	21.67	144
山东科技大学	785	36	21.81	145
河北经贸大学	1134	52	21.81	145
河南财经政法大学	1753	80	21.91	147
中国地质大学	466	20	23.30	148
西南民族大学	1532	65	23.57	149
武汉理工大学	946	40	23.65	150
北京林业大学	333	14	23.79	151
山东大学	1955	82	23.84	152
西北政法大学	7093	291	24.37	153
昆明理工大学	1561	62	25.18	154
郑州大学	1897	75	25.29	155
广西师范大学	1165	46	25.33	156
湖南工业大学	685	27	25.37	157
石家庄经济学院	611	24	25.46	158
云南大学	2242	88	25.48	159
吉首大学	623	24	25.96	160
西北民族大学	846	32	26.44	161
兰州大学	1201	45	26.69	162
山东师范大学	1118	41	27.27	163

学校名称	在校法科学生数	专任教师总数	生师比	排名
新疆大学	1488	53	28.08	164
华东政法大学	5371	183	29.35	165
贵州民族大学	1892	64	29.56	166
福建师范大学	1577	53	29.75	167
南京审计大学	1500	50	30.00	168
延边大学	952	31	30.71	169
上海师范大学	1276	41	31.12	170
西南大学	1694	54	31.37	171
广西民族大学	1187	37	32.08	172
西北师范大学	937	29	32.31	173
浙江师范大学	648	20	32.40	174
辽宁师范大学	982	30	32.73	175
四川师范大学	1665	50	33.30	176
长春工业大学	605	18	33.61	177
中山大学	1875	55	34.09	178
贵州师范大学	1451	42	34.55	179
西南政法大学	10052	287	35.02	180
河南师范大学	1604	42	38.19	181
西北农林科技大学	760	18	42.22	182
华中农业大学	856	19	45.05	183
上海政法学院	4213	57	73.91	184
陕西师范大学	899	10	89.90	185
中国社会科学院大学	–	–	–	186
西安政治学院	–	–	–	186
中共中央党校	–	–	–	186
西北工业大学	102	–	–	186

学校名称	在校法科学生数	专任教师总数	生师比	排名
中国人民武装警察部队学院	–	–	–	186
电子科技大学	127	–	–	186
南京政治学院	–	–	–	186
海军大连舰艇学院	–	–	–	186
中央司法警察学院	1906	–	–	186
塔里木大学	230	–	–	186
国防大学	–	–	–	186
中国人民公安大学	–	64	–	186
中国刑事警察学院	–	18	–	186
中国科学技术大学	–	33	–	186
浙江财经大学	–	57	–	186
中国科学院大学	–	12	–	186
上海社会科学院	–	39	–	186
四川省社会科学院	–	26	–	186

二、教学队伍－专任教师数

一级指标：教学队伍。

二级指标：专任教师数。

指标说明：专任教师数是指具有教师资格、专门从事教学工作的人员。

专任教师数与学校排名呈正相关趋势。专任教师数数量越多，学校师资水平越高，故排名越高。

学校名称	专任教师数	排名
中国政法大学	467	1
西北政法大学	291	2

续表

学校名称	专任教师数	排名
西南政法大学	287	3
中南财经政法大学	210	4
甘肃政法学院	195	5
山东政法学院	190	6
华东政法大学	183	7
中国人民大学	130	8
武汉大学	116	9
吉林大学	95	10
河北大学	93	11
北京师范大学	90	12
宁波大学	89	13
云南大学	88	14
深圳大学	87	15
湖南师范大学	86	16
浙江工商大学	83	17
山东大学	82	18
广东财经大学	82	18
厦门大学	81	20
山东财经大学	81	20
河南财经政法大学	80	22
淮北师范大学	80	22
北京大学	77	24
郑州大学	75	25
宁夏大学	73	26
湘潭大学	70	27
湖南大学	70	27

学校名称	专任教师数	排名
山西财经大学	70	27
大连海事大学	69	30
上海交通大学	69	30
南京师范大学	69	30
南京大学	68	33
广东外语外贸大学	68	33
四川大学	67	35
重庆大学	67	35
东北大学	67	35
河北师范大学	66	38
东北林业大学	66	38
西南民族大学	65	40
广州大学	65	40
浙江工业大学	65	40
中国人民公安大学	64	43
安徽大学	64	43
东北师范大学	64	43
江西财经大学	64	43
贵州民族大学	64	43
青岛大学	64	43
苏州大学	63	49
中央财经大学	63	49
西南财经大学	62	51
河南大学	62	51
昆明理工大学	62	51
浙江大学	61	54
海南大学	61	54

学校名称	专任教师数	排名
安徽师范大学	61	54
兰州财经大学	61	54
北京航空航天大学	60	58
黑龙江大学	60	58
华南理工大学	59	60
上海对外经贸大学	59	60
南京财经大学	59	60
清华大学	58	63
南开大学	58	63
复旦大学	58	63
华中科技大学	58	63
中南民族大学	58	63
上海海事大学	57	68
浙江财经大学	57	68
上海政法学院	57	68
福州大学	56	71
天津大学	56	71
山西大学	56	71
西安建筑科技大学	56	71
辽宁大学	55	75
中山大学	55	75
对外经济贸易大学	54	77
中南大学	54	77
东南大学	54	77
安徽财经大学	54	77
西南科技大学	54	77
西南大学	54	77

学校名称	专任教师数	排名
沈阳师范大学	53	83
福建师范大学	53	83
新疆大学	53	83
中央民族大学	52	86
上海财经大学	52	86
暨南大学	52	86
西北大学	52	86
河北经贸大学	52	86
贵州大学	51	91
烟台大学	51	91
北京化工大学	50	93
南京工业大学	50	93
南昌大学	50	93
四川师范大学	50	93
西安交通大学	50	93
南京审计大学	50	93
北京理工大学	49	99
天津商业大学	49	99
内蒙古大学	49	99
上海大学	49	99
杭州师范大学	49	99
新疆师范大学	49	99
中国海洋大学	48	105
中国计量学院	48	105
华侨大学	47	107
吉林财经大学	46	108

续表

学校名称	专任教师数	排名
广西师范大学	46	108
兰州大学	45	110
中国青年政治学院	45	110
沈阳工业大学	44	112
华南师范大学	44	112
扬州大学	43	114
吉林师范大学	43	114
河南师范大学	42	116
贵州师范大学	42	116
上海师范大学	41	118
山东师范大学	41	118
华东师范大学	41	118
新疆财经大学	41	118
首都经济贸易大学	40	122
天津师范大学	40	122
东北财经大学	40	122
河海大学	40	122
武汉理工大学	40	122
西南交通大学	40	122
常州大学	40	122
同济大学	39	129
长春理工大学	39	129
上海社会科学院	39	129
哈尔滨商业大学	38	132
天津财经大学	38	132
华中师范大学	37	134

学校名称	专任教师数	排名
天津工业大学	37	134
太原科技大学	37	134
广西民族大学	37	134
北京工商大学	36	138
山东科技大学	36	138
云南财经大学	36	138
广西大学	35	141
重庆邮电大学	34	142
中国科学技术大学	33	143
云南民族大学	33	143
北京交通大学	32	145
湖北大学	32	145
南京理工大学	32	145
浙江农林大学	32	145
江西师范大学	32	145
西北民族大学	32	145
西安财经学院	32	145
延边大学	31	152
辽宁师范大学	30	153
华东理工大学	30	153
江南大学	30	153
中南林业科技大学	29	156
西北师范大学	29	156
青海民族大学	27	158
湖南工业大学	27	158
四川省社会科学院	26	160

续表

学校名称	专任教师数	排名
北京外国语大学	25	161
燕山大学	25	161
北方工业大学	24	163
华北电力大学	24	163
石家庄经济学院	24	163
吉首大学	24	163
南京航空航天大学	23	167
江西理工大学	23	167
外交学院	22	169
哈尔滨工程大学	21	170
首都师范大学	20	171
中国地质大学	20	171
北京科技大学	20	171
浙江师范大学	20	171
华中农业大学	19	175
中国刑事警察学院	18	176
华东交通大学	18	176
中国石油大学	18	176
长春工业大学	18	176
西北农林科技大学	18	176
中华女子学院	18	176
哈尔滨工业大学	17	182
中国民航大学	16	183
中国农业大学	15	184
大连理工大学	15	184
中国矿业大学	15	184

学校名称	专任教师数	排名
长安大学	15	184
北京林业大学	14	188
南京农业大学	14	188
北京邮电大学	12	190
中国科学院大学	12	190
陕西师范大学	10	192
中国社会科学院大学	–	193
西安政治学院	–	193
中共中央党校	–	193
西北工业大学	–	193
中国人民武装警察部队学院	–	193
电子科技大学	–	193
南京政治学院	–	193
海军大连舰艇学院	–	193
中央司法警察学院	–	193
塔里木大学	–	193
国防大学	–	193

三、教学队伍－高级职称比

一级指标：教学队伍。

二级指标：高级职称比。

指标说明：高级职称比＝具有高级职称的专任教师数/专任教师总数；具有高级职称的专任教师数包括教授、副教授、研究员、副研究员。

高级职称比与学校排名呈正相关趋势。高级职称比越高，则学校教师水平越高，教学队伍能力越强，故排名越高。

学校名称	专任教师总数	高级职称专任教师数	高级职称比	排名
北京邮电大学	12	12	1	1
中国民航大学	16	16	1	1
中国科学院大学	12	12	1	1
清华大学	58	57	0.98	4
中山大学	55	52	0.95	5
上海师范大学	41	38	0.93	6
贵州民族大学	64	58	0.91	7
中国人民大学	130	117	0.90	8
陕西师范大学	10	9	0.90	8
青海民族大学	27	24	0.89	10
北京大学	77	68	0.88	11
贵州大学	51	45	0.88	11
中国政法大学	467	405	0.87	13
西南财经大学	62	53	0.85	14
华东师范大学	41	35	0.85	14
黑龙江大学	60	51	0.85	14
华南理工大学	59	50	0.85	14
复旦大学	58	49	0.84	18
北京师范大学	90	76	0.84	18
江西师范大学	32	27	0.84	18
山东大学	82	69	0.84	18
南京师范大学	69	58	0.84	18
广西民族大学	37	31	0.84	18
武汉大学	116	96	0.83	24
吉林大学	95	77	0.81	25
四川大学	67	54	0.81	25
重庆大学	67	54	0.81	25

学校名称	专任教师总数	高级职称专任教师数	高级职称比	排名
浙江师范大学	20	16	0.80	28
河北大学	93	74	0.80	28
华南师范大学	44	35	0.80	28
南开大学	58	46	0.79	31
扬州大学	43	34	0.79	31
中国科学技术大学	33	26	0.79	31
北京林业大学	14	11	0.79	31
南京航空航天大学	23	18	0.78	35
广东财经大学	82	64	0.78	35
南京大学	68	53	0.78	35
杭州师范大学	49	38	0.78	35
中央民族大学	52	40	0.77	39
西安交通大学	50	38	0.76	40
东南大学	54	41	0.76	40
中南民族大学	58	44	0.76	40
兰州大学	45	34	0.76	40
北京航空航天大学	60	45	0.75	44
武汉理工大学	40	30	0.75	44
苏州大学	63	47	0.75	44
辽宁大学	55	41	0.75	44
厦门大学	81	60	0.74	44
南京工业大学	50	37	0.74	44
海南大学	61	45	0.74	44
华中农业大学	19	14	0.74	44
天津商业大学	49	36	0.73	52
安徽大学	64	47	0.73	52
中国青年政治学院	45	33	0.73	52

续表

学校名称	专任教师总数	高级职称专任教师数	高级职称比	排名
福州大学	56	41	0.73	52
华中师范大学	37	27	0.73	52
甘肃政法学院	195	142	0.73	52
浙江大学	61	44	0.72	58
南京审计大学	50	36	0.72	58
北京交通大学	32	23	0.72	58
东北师范大学	64	46	0.72	58
湖南大学	70	50	0.71	62
中央财经大学	63	45	0.71	62
广西大学	35	25	0.71	62
上海交通大学	69	49	0.71	62
郑州大学	75	53	0.71	62
哈尔滨工业大学	17	12	0.71	62
广东外语外贸大学	68	48	0.71	62
对外经济贸易大学	54	38	0.70	69
中南大学	54	38	0.70	69
华东政法大学	183	127	0.69	71
长春理工大学	39	27	0.69	71
西北大学	52	36	0.69	71
河北经贸大学	52	36	0.69	71
浙江农林大学	32	22	0.69	71
东北大学	67	46	0.69	71
宁夏大学	73	50	0.68	77
北京外国语大学	25	17	0.68	77
吉林财经大学	46	31	0.67	79
广西师范大学	46	31	0.67	79
北京理工大学	49	33	0.67	79

续表

学校名称	专任教师总数	高级职称专任教师数	高级职称比	排名
暨南大学	52	35	0.67	79
青岛大学	64	43	0.67	79
大连理工大学	15	10	0.67	79
中国刑事警察学院	18	12	0.67	79
河南师范大学	42	28	0.67	79
贵州师范大学	42	28	0.67	79
上海对外经贸大学	59	39	0.66	88
沈阳师范大学	53	35	0.66	88
中国人民公安大学	64	42	0.66	88
中南林业科技大学	29	19	0.66	88
上海财经大学	52	34	0.65	92
大连海事大学	69	45	0.65	92
浙江工商大学	83	54	0.65	92
河海大学	40	26	0.65	92
中国地质大学	20	13	0.65	92
北京科技大学	20	13	0.65	92
广州大学	65	42	0.65	92
浙江工业大学	65	42	0.65	92
湘潭大学	70	45	0.64	100
西南政法大学	287	184	0.64	100
江西财经大学	64	41	0.64	100
华中科技大学	58	37	0.64	100
外交学院	22	14	0.64	100
华东理工大学	30	19	0.63	105
内蒙古大学	49	31	0.63	105
上海大学	49	31	0.63	105
昆明理工大学	62	39	0.63	105

学校名称	专任教师总数	高级职称专任教师数	高级职称比	排名
烟台大学	51	32	0.63	105
北方工业大学	24	15	0.63	105
东北财经大学	40	25	0.63	105
新疆大学	53	33	0.62	112
河北师范大学	66	41	0.62	112
西北师范大学	29	18	0.62	112
云南财经大学	36	22	0.61	115
中国石油大学	18	11	0.61	115
西南大学	54	33	0.61	115
南京财经大学	59	36	0.61	115
中南财经政法大学	210	128	0.61	115
天津大学	56	34	0.61	115
天津财经大学	38	23	0.61	115
辽宁师范大学	30	18	0.60	122
西南民族大学	65	39	0.60	122
华侨大学	47	28	0.60	122
西北民族大学	32	19	0.59	125
西安财经学院	32	19	0.59	125
同济大学	39	23	0.59	125
上海社会科学院	39	23	0.59	125
深圳大学	87	51	0.59	125
中国计量学院	48	28	0.58	130
吉首大学	24	14	0.58	130
延边大学	31	18	0.58	130
河南大学	62	36	0.58	130
河南财经政法大学	80	46	0.58	130
南京农业大学	14	8	0.57	135

续表

学校名称	专任教师总数	高级职称专任教师数	高级职称比	排名
山东财经大学	81	46	0.57	135
江南大学	30	17	0.57	135
中国海洋大学	48	27	0.56	138
南京理工大学	32	18	0.56	138
浙江财经大学	57	32	0.56	138
云南大学	88	49	0.56	138
安徽财经大学	54	30	0.56	138
西北农林科技大学	18	10	0.56	138
山西大学	56	31	0.55	144
天津师范大学	40	22	0.55	144
湖南师范大学	86	47	0.55	144
云南民族大学	33	18	0.55	144
安徽师范大学	61	33	0.54	148
重庆邮电大学	34	18	0.53	149
福建师范大学	53	28	0.53	149
北京工商大学	36	19	0.53	149
上海海事大学	57	30	0.53	149
沈阳工业大学	44	23	0.52	153
宁波大学	89	46	0.52	153
东北林业大学	66	33	0.50	155
四川师范大学	50	25	0.50	155
常州大学	40	20	0.50	155
兰州财经大学	61	30	0.49	158
上海政法学院	57	28	0.49	158
吉林师范大学	43	21	0.49	158
天津工业大学	37	18	0.49	158
山东政法学院	190	92	0.48	162

学校名称	专任教师总数	高级职称专任教师数	高级职称比	排名
湖南工业大学	27	13	0.48	162
西南科技大学	54	26	0.48	162
中国农业大学	15	7	0.47	165
中国矿业大学	15	7	0.47	165
长安大学	15	7	0.47	165
太原科技大学	37	17	0.46	168
首都师范大学	20	9	0.45	169
长春工业大学	18	8	0.44	170
中华女子学院	18	8	0.44	170
燕山大学	25	11	0.44	170
山西财经大学	70	30	0.43	173
淮北师范大学	80	34	0.43	173
哈尔滨商业大学	38	16	0.42	175
北京化工大学	50	19	0.38	176
石家庄经济学院	24	9	0.38	176
西安建筑科技大学	56	20	0.36	178
南昌大学	50	16	0.32	179
山东师范大学	41	13	0.32	179
湖北大学	32	10	0.31	181
新疆师范大学	49	15	0.31	181
山东科技大学	36	10	0.28	183
华北电力大学	24	5	0.21	184
西南交通大学	40	7	0.18	185
哈尔滨工程大学	21	3	0.14	186
首都经济贸易大学	40	–	–	187
华东交通大学	18	–	–	187
江西理工大学	23	–	–	187

学校名称	专任教师总数	高级职称专任教师数	高级职称比	排名
西北政法大学	291	–	–	187
四川省社会科学院	26	–	–	187
新疆财经大学	41	–	–	187
中国社会科学院大学	–	–	–	187
西安政治学院	–	–	–	187
中共中央党校	–	–	–	187
西北工业大学	–	15	–	187
中国人民武装警察部队学院	–	–	–	187
电子科技大学	–	–	–	187
南京政治学院	–	–	–	187
海军大连舰艇学院	–	–	–	187
中央司法警察学院	–	–	–	187
塔里木大学	–	–	–	187
国防大学	–	–	–	187

四、教学资源 – 课程开设数

一级指标：教学资源。

二级指标：课程开设数。

指标说明：根据高校提供的课表进行如下计算：课程开设数 =（上半年所开设的课程总数 + 下半年所开设的课程总数）/2；课程开设数，指的是列入教学计划的、当年度实际开设的、具有单独课程代码的课程数。一门课程由多位教师开设、多个教学班但是只有一个独立课程代码的课程仅计算为 1 门课程。

课程开设数与学校排名呈正相关趋势。课程开设数越多，学校教学资源越丰富，学生选择余地与所涉及知识范围越广，则越有利于法学人才培养，故排名越高。

学校名称	课程开设数	专业必修课开设数	专业选修课开设数	排名
中国政法大学	151	19	132	1
中南财经政法大学	127	29	98	2
山东政法学院	119	21	98	3
南京大学	107	17	90	4
苏州大学	107	30	77	4
中国农业大学	104	22	82	6
广州大学	100	18	82	7
沈阳师范大学	99	16	83	8
浙江工商大学	95	24	71	9
厦门大学	93	19	74	10
河南大学	91	19	72	11
宁波大学	89	28	61	12
青岛大学	86	14	72	13
北京大学	85	18	67	14
重庆大学	84	25	59	15
武汉大学	81	18	63	16
北京师范大学	81	13	68	16
清华大学	80	11	69	18
中国人民大学	79	22	57	19
湖南师范大学	78	20	58	20
中央民族大学	78	24	54	20
贵州大学	76	17	59	22
北京化工大学	75	18	57	23
中央财经大学	74	20	54	24
华东师范大学	74	22	52	24
中南大学	73	19	54	26
中山大学	73	19	54	26

学校名称	课程开设数	专业必修课开设数	专业选修课开设数	排名
杭州师范大学	71	18	53	28
对外经济贸易大学	70	15	55	29
湘潭大学	70	22	48	29
中华女子学院	70	22	48	29
延边大学	69	20	49	32
西南政法大学	68	22	46	33
山东师范大学	68	21	47	33
郑州大学	67	34	33	35
山东大学	66	23	43	36
天津师范大学	66	20	46	36
辽宁师范大学	66	20	46	36
北京交通大学	64	17	47	39
深圳大学	64	18	46	39
吉林大学	63	18	45	41
华南理工大学	63	22	41	41
西北大学	63	18	45	41
黑龙江大学	62	21	41	44
内蒙古大学	62	18	44	44
华中师范大学	62	22	40	44
浙江财经大学	62	24	38	44
华东政法大学	61	21	40	48
南京财经大学	61	21	40	48
西南民族大学	60	16	44	50
燕山大学	60	24	36	50
河北大学	59	18	41	52
四川师范大学	59	17	42	52

续表

学校名称	课程开设数	专业必修课开设数	专业选修课开设数	排名
广东外语外贸大学	59	19	40	52
西南大学	59	20	39	52
华中科技大学	57	33	24	56
浙江农林大学	57	19	38	56
大连海事大学	56	21	35	58
南京师范大学	56	19	37	58
首都经济贸易大学	56	25	31	58
哈尔滨工程大学	56	15	41	58
东北林业大学	56	21	35	58
东南大学	56	24	32	58
广东财经大学	56	23	33	58
广西民族大学	56	26	30	58
中国社会科学院大学	55	15	40	66
长春理工大学	55	24	31	66
同济大学	54	23	31	68
上海海事大学	54	39	15	68
河南师范大学	54	22	32	68
南京理工大学	54	32	22	68
上海交通大学	53	22	31	72
烟台大学	52	20	32	73
常州大学	52	29	23	73
天津工业大学	52	30	22	73
复旦大学	51	21	30	76
中国海洋大学	50	18	32	77
福州大学	50	29	21	77
东北师范大学	49	20	29	79

学校名称	课程开设数	专业必修课开设数	专业选修课开设数	排名
宁夏大学	49	23	26	79
南京审计大学	49	23	26	79
浙江大学	48	16	32	82
安徽师范大学	48	31	17	82
北京科技大学	48	23	25	82
西南科技大学	48	20	28	85
上海师范大学	47	19	28	86
湖南工业大学	47	27	20	86
浙江工业大学	47	30	17	86
华中农业大学	47	22	25	86
吉首大学	47	18	29	86
长安大学	47	36	11	86
华北电力大学	46	28	18	92
河海大学	46	26	20	92
西北师范大学	46	21	25	92
北京林业大学	46	24	22	92
江西师范大学	46	20	26	92
海南大学	45	23	22	97
安徽财经大学	45	29	16	97
福建师范大学	45	19	26	97
扬州大学	45	25	20	97
外交学院	45	9	36	97
浙江师范大学	45	16	29	97
中国计量学院	45	14	31	97
上海对外经贸大学	44	23	21	104
河北师范大学	43	18	25	105

续表

学校名称	课程开设数	专业必修课开设数	专业选修课开设数	排名
山西财经大学	43	30	13	105
山西大学	42	26	16	107
吉林财经大学	42	23	19	107
华东理工大学	42	29	13	107
西南交通大学	42	36	6	107
北京航空航天大学	41	26	15	111
江西理工大学	41	21	20	111
山东财经大学	41	21	20	111
中国地质大学	41	29	12	111
天津财经大学	41	15	26	111
南京农业大学	41	23	18	111
重庆邮电大学	41	14	27	111
华东交通大学	40	17	23	118
云南民族大学	40	18	22	118
安徽大学	39	24	15	120
东北大学	39	33	6	120
南京工业大学	38	25	13	122
湖北大学	38	18	20	122
贵州师范大学	38	20	18	122
长春工业大学	38	28	10	122
西南财经大学	35	17	18	126
沈阳工业大学	35	16	19	126
哈尔滨工业大学	35	16	19	126
云南财经大学	35	17	18	126
电子科技大学	35	15	20	126
淮北师范大学	34	20	14	131

续表

学校名称	课程开设数	专业必修课开设数	专业选修课开设数	排名
江西财经大学	33	18	15	132
上海政法学院	33	17	16	132
首都师范大学	32	16	16	134
中国民航大学	32	21	11	134
上海财经大学	32	17	15	134
山东科技大学	32	16	16	134
西安财经学院	31	16	15	138
北京工商大学	30	17	13	139
西北工业大学	29	17	12	140
上海大学	28	14	14	141
西北农林科技大学	27	17	10	142
南京航空航天大学	26	12	14	143
北京外国语大学	25	15	10	144
暨南大学	23	23	–	145
四川大学	21	21	–	146
西北政法大学	21	21	–	146
南昌大学	14	14	–	148
中国人民公安大学	–	–	–	149
南开大学	–	–	–	149
辽宁大学	–	–	–	149
湖南大学	–	–	–	149
西安政治学院	–	–	–	149
中共中央党校	–	–	–	149
北京理工大学	–	–	–	149
北方工业大学	–	–	–	149
北京邮电大学	–	–	–	149

学校名称	课程开设数	专业必修课开设数	专业选修课开设数	排名
天津大学	—	—	—	149
天津商业大学	—	—	—	149
大连理工大学	—	—	—	149
东北财经大学	—	—	—	149
中国刑事警察学院	—	—	—	149
哈尔滨商业大学	—	—	—	149
中国科学技术大学	—	—	—	149
华侨大学	—	—	—	149
河南财经政法大学	—	—	—	149
武汉理工大学	—	—	—	149
中南民族大学	—	—	—	149
中南林业科技大学	—	—	—	149
华南师范大学	—	—	—	149
广西大学	—	—	—	149
广西师范大学	—	—	—	149
贵州民族大学	—	—	—	149
云南大学	—	—	—	149
昆明理工大学	—	—	—	149
西安交通大学	—	—	—	149
兰州大学	—	—	—	149
青海民族大学	—	—	—	149
新疆大学	—	—	—	149
中国人民武装警察部队学院	—	—	—	149
甘肃政法学院	—	—	—	149
中国石油大学	—	—	—	149
中国青年政治学院	—	—	—	149

学校名称	课程开设数	专业必修课开设数	专业选修课开设数	排名
河北经贸大学	-	-	-	149
中国科学院大学	-	-	-	149
上海社会科学院	-	-	-	149
四川省社会科学院	-	-	-	149
江南大学	-	-	-	149
石家庄经济学院	-	-	-	149
太原科技大学	-	-	-	149
吉林师范大学	-	-	-	149
中国矿业大学	-	-	-	149
西安建筑科技大学	-	-	-	149
陕西师范大学	-	-	-	149
兰州财经大学	-	-	-	149
西北民族大学	-	-	-	149
新疆师范大学	-	-	-	149
新疆财经大学	-	-	-	149
南京政治学院	-	-	-	149
海军大连舰艇学院	-	-	-	149
中央司法警察学院	-	-	-	149
塔里木大学	-	-	-	149
国防大学	-	-	-	149

五、教学资源－课程结构

一级指标：教学资源。

二级指标：课程结构。

指标说明：课程结构＝实践课程总学分/理论课程总学分；实践课

程总学分：实验、实训和专业实习、社会实践、毕业论文等实践教学环节的总学分；理论课程总学分：除实践教学总学分之外的所有其他课程总学分。

课程结构与学校排名呈正相关趋势。实践课程总学分与理论课程总学分的比值越高，学校教学的实践性越强，越有助于培养基础扎实、职业能力好、适应力强的应用型法律人才。

学校名称	课程总学分	理论课程总学分	实践课程总学分	课程结构	排名
四川大学	160	103.5	56.5	0.55	1
哈尔滨工程大学	159	103.5	55.5	0.54	2
中南大学	139	90.5	48.5	0.54	3
内蒙古大学	160	116	44	0.38	4
华北电力大学	175	130	45	0.35	5
山东大学	160	119	41	0.34	6
西北大学	151	113	38	0.34	7
长安大学	180	135	45	0.33	8
华东师范大学	152	114	38	0.33	8
中国海洋大学	150	113	37	0.33	8
长春工业大学	164	126	38	0.30	11
山西大学	177	136	41	0.30	12
浙江财经大学	160	123	37	0.30	11
西安财经学院	164.5	127	37.5	0.30	11
上海大学	247	191	56	0.29	15
常州大学	160	124	36	0.29	15
同济大学	160	125	35	0.28	17
宁波大学	164	129	35	0.27	18
长春理工大学	179	141	38	0.27	18
河北大学	165	130	35	0.27	18
沈阳工业大学	180	142	38	0.27	18

学校名称	课程总学分	理论课程总学分	实践课程总学分	课程结构	排名
北京航空航天大学	192.5	152.5	40	0.26	22
烟台大学	164	130	34	0.26	22
西南大学	162	128.5	33.5	0.26	22
西北师范大学	151.5	120.5	31	0.26	22
中南林业科技大学	160	128	32	0.25	26
天津财经大学	167	134	33	0.25	26
吉首大学	165	132.5	32.5	0.25	26
华东理工大学	163	131	32	0.24	29
浙江农林大学	166	133.5	32.5	0.24	29
西北农林科技大学	166	132	31	0.23	31
河南大学	159	129	30	0.23	31
中国计量学院	163.5	133	30.5	0.23	31
福州大学	160	131	29	0.22	34
河海大学	160	131	29	0.22	34
中国科学院大学	160	131	29	0.22	34
黑龙江大学	155	127	28	0.22	34
上海交通大学	144	118	26	0.22	34
西北工业大学	161	132	29	0.22	34
南京航空航天大学	170	139.5	30.5	0.22	34
东北大学	230.25	189.25	41	0.22	34
青岛大学	180	148	32	0.22	34
华东交通大学	164	135	29	0.21	43
湖北大学	170	140	30	0.21	43
上海政法学院	170	140	30	0.21	43
浙江工业大学	170.5	140.5	30	0.21	43
安徽财经大学	160	132	28	0.21	43

续表

学校名称	课程总学分	理论课程总学分	实践课程总学分	课程结构	排名
广东外语外贸大学	160	132	28	0.21	43
江西财经大学	157.5	130	27.5	0.21	43
中国地质大学	175	145	30	0.21	43
北京科技大学	193	160	33	0.21	43
西南科技大学	165	137	28	0.20	52
浙江师范大学	161	134	27	0.20	52
中国石油大学	173.5	144.5	29	0.20	52
郑州大学	160	134	26	0.19	55
西南财经大学	160	134	26	0.19	55
云南财经大学	160	134	26	0.19	55
昆明理工大学	210	176	34	0.19	55
对外经济贸易大学	173	145	28	0.19	55
山东财经大学	155	130	25	0.19	55
海南大学	156.5	131.5	25	0.19	55
湖南工业大学	176.5	148.5	28	0.19	55
北京化工大学	189.5	159.5	30	0.19	55
宁夏大学	165	139	26	0.19	55
首都师范大学	140	118	22	0.19	55
南京理工大学	160	135	25	0.19	55
首都经济贸易大学	162	137	25	0.18	67
江西理工大学	175	148	27	0.18	67
山东政法学院	163	138	25	0.18	67
天津工业大学	183	155	28	0.18	67
广州大学	164	139	25	0.18	67
华南理工大学	166	141	25	0.18	67
重庆大学	166	141	25	0.18	67

学校名称	课程总学分	理论课程总学分	实践课程总学分	课程结构	排名
淮北师范大学	156.5	133	23.5	0.18	67
燕山大学	176.5	150.5	26	0.17	75
扬州大学	163.5	139.5	24	0.17	75
福建师范大学	164	140	24	0.17	75
贵州师范大学	164	140	24	0.17	75
安徽师范大学	159	136	23	0.17	75
上海海事大学	178.5	153	25.5	0.17	75
东南大学	150	129	21	0.16	81
浙江工商大学	162	139.5	22.5	0.16	81
南京工业大学	173	149	24	0.16	81
山东科技大学	137	118	19	0.16	81
中国民航大学	177.5	153	24.5	0.16	81
上海师范大学	160	138	22	0.16	81
南京农业大学	160	138	22	0.16	81
深圳大学	168	145	23	0.16	81
西南政法大学	162	140	22	0.16	81
华中科技大学	199	172	27	0.16	81
重庆邮电大学	159	137.5	21.5	0.16	81
中国农业大学	143	124	19	0.15	92
东北林业大学	153	133	20	0.15	92
西南交通大学	169	147	22	0.15	92
上海财经大学	154.5	134.5	20	0.15	92
西南民族大学	151	132	19	0.14	96
湘潭大学	167	146	21	0.14	96
华中师范大学	130	114	16	0.14	96
大连海事大学	164	144	20	0.14	96

学校名称	课程总学分	理论课程总学分	实践课程总学分	课程结构	排名
中央民族大学	144	127	17	0.13	100
华中农业大学	155	137	18	0.13	100
中国政法大学	165	146	19	0.13	100
云南民族大学	165	146	19	0.13	100
浙江大学	174.5	154.5	20	0.13	100
哈尔滨工业大学	182	162	20	0.12	105
西北政法大学	192	171	21	0.12	105
中国社会科学院大学	160	143	17	0.12	105
中华女子学院	166	149	17	0.11	108
华东政法大学	160	144	16	0.11	108
安徽大学	160	144	16	0.11	108
山西财经大学	180	162	18	0.11	108
辽宁师范大学	160	144	16	0.11	108
暨南大学	160	144	16	0.11	108
湖南师范大学	165	149	16	0.11	108
沈阳师范大学	165	149	16	0.11	108
河南师范大学	165	149	16	0.11	108
山东师范大学	155	140	15	0.11	108
杭州师范大学	166	150	16	0.11	108
河北师范大学	170	154	16	0.10	119
中山大学	155	141	14	0.10	119
北京交通大学	159	145	14	0.10	119
吉林大学	166	152	14	0.09	122
厦门大学	155	142	13	0.09	122
南京审计大学	160	147	13	0.09	122
武汉大学	140	129	11	0.09	122

学校名称	课程总学分	理论课程总学分	实践课程总学分	课程结构	排名
南京师范大学	130	120	10	0.08	126
中国人民大学	157	145	12	0.08	126
广西民族大学	160	148	12	0.08	126
清华大学	147	136	11	0.08	126
中南财经政法大学	175	162	13	0.08	126
北京外国语大学	140	130	10	0.08	126
上海对外经贸大学	168	156	12	0.08	126
电子科技大学	156	145	11	0.08	126
天津师范大学	160	149	11	0.07	134
延边大学	150	140	10	0.07	134
南京财经大学	165	154	11	0.07	134
江西师范大学	150	140	10	0.07	134
北京工商大学	137	128	9	0.07	134
北京师范大学	189	177	12	0.07	134
东北师范大学	158	148	10	0.07	134
苏州大学	160	150	10	0.07	134
中央财经大学	154	145	9	0.06	142
广东财经大学	157	148	9	0.06	142
南京大学	150	142	8	0.06	142
复旦大学	154	146	8	0.05	145
兰州大学	158	150	8	0.05	145
北京林业大学	162	154	8	0.05	145
外交学院	176	168	8	0.05	145
南昌大学	160	154	6	0.04	149
北京大学	142	137	5	0.04	149
吉林财经大学	145	145	0	0	151

学校名称	课程总学分	理论课程总学分	实践课程总学分	课程结构	排名
中国人民公安大学	–	–	–	–	152
南开大学	–	–	–	–	152
辽宁大学	166	–	–	–	152
湖南大学	–	–	–	–	152
西安政治学院	–	–	–	–	152
中共中央党校	–	–	–	–	152
北京理工大学	–	–	–	–	152
北方工业大学	–	–	–	–	152
北京邮电大学	–	–	–	–	152
天津大学	–	–	–	–	152
天津商业大学	–	–	–	–	152
大连理工大学	–	–	–	–	152
东北财经大学	–	–	–	–	152
中国刑事警察学院	–	–	–	–	152
哈尔滨商业大学	–	–	–	–	152
中国科学技术大学	–	–	–	–	152
华侨大学	–	–	–	–	152
河南财经政法大学	–	–	–	–	152
武汉理工大学	–	–	–	–	152
中南民族大学	–	–	–	–	152
华南师范大学	–	–	–	–	152
广西大学	–	–	–	–	152
广西师范大学	–	–	–	–	152
四川师范大学	–	–	–	–	152
贵州大学	169	–	–	–	152
贵州民族大学	–	–	–	–	152

续表

学校名称	课程总学分	理论课程总学分	实践课程总学分	课程结构	排名
云南大学	–	–	–	–	152
西安交通大学	–	–	–	–	152
青海民族大学	–	–	–	–	152
新疆大学	–	–	–	–	152
中国人民武装警察部队学院					152
甘肃政法学院	–	–	–	–	152
中国青年政治学院	–	–	–	–	152
河北经贸大学	–	–	–	–	152
上海社会科学院	–	–	–	–	152
四川省社会科学院	–	–	–	–	152
江南大学	–	–	–	–	152
石家庄经济学院	–	–	–	–	152
太原科技大学	–	–	–	–	152
吉林师范大学	–	–	–	–	152
中国矿业大学	–	–	–	–	152
西安建筑科技大学	–	–	–	–	152
陕西师范大学	–	–	–	–	152
兰州财经大学	–	–	–	–	152
西北民族大学	–	–	–	–	152
新疆师范大学	–	–	–	–	152
新疆财经大学	–	–	–	–	152
南京政治学院	–	–	–	–	152
海军大连舰艇学院	–	–	–	–	152
中央司法警察学院	–	–	–	–	152
塔里木大学	–	–	–	–	152
国防大学	–	–	–	–	152

六、教学资源－总分师比

一级指标：教学资源。

二级指标：总分师比。

指标说明：总分师比＝法学专业开设课程总数为院校法学院开设学生选择修习的课程总学分（包括所有的必修课程和选修课程）/专任教师总数；专业课分师比＝法学专业课总学分/专任教师总数；专业必修课分师比＝法学专业必修课总学分/专任教师总数。

总分师比与学校排名呈正相关趋势，总分师比越高，则每个老师所开设课程的学分越高，课程越重要，教学内容越丰富，故排名越高。

学校名称	专任教师总数	毕业要求学分总数	总分师比	排名
中国科学院大学	12	160	13.33	1
长安大学	15	180	12	2
北京林业大学	14	162	11.57	3
南京农业大学	14	160	11.43	4
中国民航大学	16	177.5	11.09	5
哈尔滨工业大学	17	172	10.12	6
中国石油大学	18	173.5	9.64	7
中国农业大学	15	143	9.53	8
西北农林科技大学	18	166	9.22	9
中华女子学院	18	166	9.22	9
华东交通大学	18	164	9.11	11
长春工业大学	18	164	9.11	11
中国地质大学	20	175	8.75	13
华中农业大学	19	155	8.16	14
浙江师范大学	20	161	8.05	15
外交学院	22	176	8	16

续表

学校名称	专任教师总数	毕业要求学分总数	总分师比	排名
江西理工大学	23	175	7.61	17
哈尔滨工程大学	21	159	7.57	18
南京航空航天大学	23	170	7.39	19
华北电力大学	24	175	7.29	20
燕山大学	25	176.5	7.06	21
首都师范大学	20	140	7	22
吉首大学	24	165	6.88	23
湖南工业大学	27	176.5	6.54	24
北京外国语大学	25	140	5.60	25
中南林业科技大学	29	160	5.52	26
华东理工大学	30	163	5.43	27
辽宁师范大学	30	160	5.33	28
湖北大学	32	170	5.31	29
西北师范大学	29	151.5	5.22	30
浙江农林大学	32	166	5.19	31
西安财经学院	32	164.5	5.14	32
上海大学	49	247	5.04	33
云南民族大学	33	165	5	34
南京理工大学	32	160	5	34
北京交通大学	32	159	4.97	36
天津工业大学	37	183	4.95	37
延边大学	31	150	4.84	38
江西师范大学	32	150	4.69	39
重庆邮电大学	34	159	4.68	40
长春理工大学	39	179	4.59	41
云南财经大学	36	160	4.44	42

学校名称	专任教师总数	毕业要求学分总数	总分师比	排名
天津财经大学	38	167	4.39	43
广西民族大学	37	160	4.32	44
西南交通大学	40	169	4.23	45
同济大学	39	160	4.10	46
沈阳工业大学	44	180	4.09	47
首都经济贸易大学	40	162	4.05	48
天津师范大学	40	160	4	49
河海大学	40	160	4	49
常州大学	40	160	4	49
河南师范大学	42	165	3.93	52
贵州师范大学	42	164	3.90	53
上海师范大学	41	160	3.90	53
北京工商大学	36	137	3.81	55
山东科技大学	36	137	3.81	55
扬州大学	43	163.5	3.80	57
北京化工大学	50	189.5	3.79	58
山东师范大学	41	155	3.78	59
华东师范大学	41	152	3.71	60
华中师范大学	37	130	3.51	61
兰州大学	45	158	3.51	61
南京工业大学	50	173	3.46	63
东北大学	67	230.25	3.44	64
华中科技大学	58	199	3.43	65
中国计量学院	48	163.5	3.41	66
杭州师范大学	49	166	3.39	67
昆明理工大学	62	210	3.39	67

学校名称	专任教师总数	毕业要求学分总数	总分师比	排名
贵州大学	51	169	3.31	69
内蒙古大学	49	160	3.27	70
烟台大学	51	164	3.22	71
北京航空航天大学	60	192.5	3.21	72
对外经济贸易大学	54	173	3.20	73
南昌大学	50	160	3.20	73
南京审计大学	50	160	3.20	73
山西大学	56	177	3.16	76
吉林财经大学	46	145	3.15	77
上海海事大学	57	178.5	3.13	78
中国海洋大学	48	150	3.13	78
沈阳师范大学	53	165	3.11	80
福建师范大学	53	164	3.09	81
暨南大学	52	160	3.08	82
西南科技大学	54	165	3.06	83
辽宁大学	55	166	3.02	84
西南大学	54	162	3	85
上海政法学院	57	170	2.98	86
上海财经大学	52	154.5	2.97	87
安徽财经大学	54	160	2.96	88
西北大学	52	151	2.90	89
浙江大学	61	174.5	2.86	90
福州大学	56	160	2.86	90
上海对外经贸大学	59	168	2.85	92
中山大学	55	155	2.82	93
华南理工大学	59	166	2.81	94

续表

学校名称	专任教师总数	毕业要求学分总数	总分师比	排名
浙江财经大学	57	160	2.81	94
南京财经大学	59	165	2.80	96
东南大学	54	150	2.78	97
中央民族大学	52	144	2.77	98
清华大学	58	157	2.71	99
复旦大学	58	154	2.66	100
浙江工业大学	65	170.5	2.62	101
安徽师范大学	61	159	2.61	102
黑龙江大学	60	155	2.58	103
西南财经大学	62	160	2.58	103
河北师范大学	66	170	2.58	103
中南大学	54	139	2.57	106
山西财经大学	70	180	2.57	106
海南大学	61	156.5	2.57	106
河南大学	62	159	2.56	109
苏州大学	63	160	2.54	110
广州大学	65	164	2.52	111
安徽大学	64	160	2.50	112
青岛大学	64	160	2.50	112
江西财经大学	64	157.5	2.46	114
重庆大学	67	164	2.45	115
中央财经大学	63	154	2.44	116
大连海事大学	69	166	2.41	117
四川大学	67	160	2.39	118
湘潭大学	70	167	2.39	118
广东外语外贸大学	68	160	2.35	120

续表

学校名称	专任教师总数	毕业要求学分总数	总分师比	排名
西南民族大学	65	151	2.32	121
东北林业大学	66	153	2.32	121
东北师范大学	64	145	2.27	123
宁夏大学	73	165	2.26	124
南京大学	68	150	2.21	125
郑州大学	75	160	2.13	126
北京师范大学	90	189	2.10	127
上海交通大学	69	144	2.09	128
淮北师范大学	80	156.5	1.96	129
浙江工商大学	83	162	1.95	130
山东大学	82	160	1.95	130
深圳大学	87	168	1.93	132
湖南师范大学	86	165	1.92	133
广东财经大学	82	157	1.91	134
厦门大学	81	155	1.91	134
山东财经大学	81	155	1.91	134
南京师范大学	69	130	1.88	137
北京大学	77	142	1.84	138
河北大学	93	165	1.77	139
吉林大学	95	166	1.75	140
中国人民大学	130	157	1.21	141
武汉大学	116	140	1.21	141
华东政法大学	183	160	0.87	143
山东政法学院	190	163	0.86	144
中南财经政法大学	210	175	0.83	145
西北政法大学	291	192	0.66	146

续表

学校名称	专任教师总数	毕业要求学分总数	总分师比	排名
西南政法大学	287	162	0.56	147
中国政法大学	467	165	0.35	148
中国社会科学院大学	–	160	–	149
西安政治学院	–	–	–	149
中共中央党校	–	–	–	149
西北工业大学	–	161	–	149
中国人民武装警察部队学院	–	–	–	149
电子科技大学	–	156	–	149
南京政治学院	–	–	–	149
海军大连舰艇学院	–	–	–	149
中央司法警察学院	–	–	–	149
塔里木大学	–	–	–	149
国防大学	–	–	–	149
中国人民公安大学	64	–	–	149
南开大学	58	–	–	149
湖南大学	70	–	–	149
北京理工大学	49	–	–	149
北方工业大学	24	–	–	149
北京邮电大学	12	–	–	149
天津大学	56	–	–	149
天津商业大学	49	–	–	149
大连理工大学	15	–	–	149
东北财经大学	40	–	–	149
中国刑事警察学院	18	–	–	149
哈尔滨商业大学	38	–	–	149
中国科学技术大学	33	–	–	149

学校名称	专任教师总数	毕业要求学分总数	总分师比	排名
华侨大学	47	-	-	149
河南财经政法大学	80	-	-	149
武汉理工大学	40	-	-	149
中南民族大学	58	-	-	149
华南师范大学	44	-	-	149
广西大学	35	-	-	149
广西师范大学	46	-	-	149
四川师范大学	50	-	-	149
贵州民族大学	64	-	-	149
云南大学	88	-	-	149
西安交通大学	50	-	-	149
青海民族大学	27	-	-	149
新疆大学	53	-	-	149
甘肃政法学院	195	-	-	149
中国青年政治学院	45	-	-	149
宁波大学	89	-	-	149
河北经贸大学	52	-	-	149
上海社会科学院	39	-	-	149
四川省社会科学院	26	-	-	149
江南大学	30	-	-	149
北京科技大学	20	-	-	149
石家庄经济学院	24	-	-	149
太原科技大学	37	-	-	149
吉林师范大学	43	-	-	149
中国矿业大学	15	-	-	149
西安建筑科技大学	56	-	-	149

学校名称	专任教师总数	毕业要求学分总数	总分师比	排名
陕西师范大学	10	–	–	149
兰州财经大学	61	–	–	149
西北民族大学	32	–	–	149
新疆师范大学	49	–	–	149
新疆财经大学	41	–	–	149

七、教学资源－总课师比

一级指标：教学资源。

二级指标：总课师比。

指标说明：总课师比＝法学专业开设课程总数为院校法学院开设学生选择修习的课程总数量（包括所有的必修课程和选修课程）/教师总数；专业课师比＝法学专业课总数量/教师总数；专业必修课课师比＝法学专业必修课总数量/教师总数。

总课师比与学校排名呈负相关趋势。总课师比越低，则每个老师所开设课程越少，老师在相关专业领域开设课程越集中，进而越有利于教学资源的合理分配，故排名越高。

学校名称	教师总数	课程开设数	总课师比	排名
西北政法大学	291	21	0.07	1
西南政法大学	287	68	0.24	2
南昌大学	50	13	0.26	3
四川大学	67	21	0.31	4
中国政法大学	467	151	0.32	5
华东政法大学	183	61	0.33	6
淮北师范大学	80	34	0.43	7
暨南大学	52	23	0.44	8

续表

学校名称	教师总数	课程开设数	总课师比	排名
山东财经大学	81	41	0.51	9
江西财经大学	64	33	0.52	10
西南财经大学	62	35	0.56	11
上海大学	49	28	0.57	12
上海政法学院	57	33	0.58	13
东北大学	67	39	0.58	13
中南财经政法大学	210	127	0.60	15
中国人民大学	130	79	0.61	16
安徽大学	64	39	0.61	16
山西财经大学	70	43	0.61	16
上海财经大学	52	32	0.62	19
山东政法学院	190	119	0.63	20
河北大学	93	59	0.63	20
河北师范大学	66	43	0.65	22
吉林大学	95	63	0.66	23
宁夏大学	73	49	0.67	24
广东财经大学	82	56	0.68	25
北京航空航天大学	60	41	0.68	25
武汉大学	116	81	0.70	27
浙江工业大学	65	47	0.72	28
深圳大学	87	64	0.74	29
海南大学	61	45	0.74	29
上海对外经贸大学	59	44	0.75	31
山西大学	56	42	0.75	31
南京工业大学	50	38	0.76	33
东北师范大学	64	49	0.77	34
上海交通大学	69	53	0.77	34

续表

学校名称	教师总数	课程开设数	总课师比	排名
浙江大学	61	48	0.79	36
安徽师范大学	61	48	0.79	36
沈阳工业大学	44	35	0.80	38
山东大学	82	66	0.80	38
大连海事大学	69	56	0.81	40
南京师范大学	69	56	0.81	40
北京工商大学	36	30	0.83	42
安徽财经大学	54	45	0.83	42
东北林业大学	66	56	0.85	44
福建师范大学	53	45	0.85	44
广东外语外贸大学	68	59	0.87	46
复旦大学	58	51	0.88	47
山东科技大学	36	32	0.89	48
西南科技大学	54	48	0.89	48
福州大学	56	50	0.89	48
郑州大学	75	67	0.89	48
北京师范大学	90	81	0.90	52
贵州师范大学	42	38	0.90	52
湖南师范大学	86	78	0.91	54
吉林财经大学	46	42	0.91	54
西南民族大学	65	60	0.92	56
中国计量学院	48	45	0.94	57
上海海事大学	57	54	0.95	58
西安财经学院	32	31	0.97	59
云南财经大学	36	35	0.97	59
南京审计大学	50	49	0.98	61

学校名称	教师总数	课程开设数	总课师比	排名
华中科技大学	58	57	0.98	61
湘潭大学	70	70	1	63
北京外国语大学	25	25	1	63
宁波大学	89	89	1	63
烟台大学	51	52	1.02	66
黑龙江大学	60	62	1.03	67
南京财经大学	59	61	1.03	67
东南大学	54	56	1.04	69
中国海洋大学	48	50	1.04	69
扬州大学	43	45	1.05	71
西南交通大学	40	42	1.05	71
华南理工大学	59	63	1.07	73
天津财经大学	38	41	1.08	74
浙江财经大学	57	62	1.09	75
西南大学	54	59	1.09	75
北京大学	77	85	1.10	77
南京航空航天大学	23	26	1.13	78
浙江工商大学	83	95	1.14	79
上海师范大学	41	47	1.15	80
厦门大学	81	93	1.15	80
河海大学	40	46	1.15	80
中央财经大学	63	74	1.17	83
四川师范大学	50	59	1.18	84
湖北大学	32	38	1.19	85
重庆邮电大学	34	41	1.21	86
西北大学	52	63	1.21	86

续表

学校名称	教师总数	课程开设数	总课师比	排名
云南民族大学	33	40	1.21	86
重庆大学	67	84	1.25	89
内蒙古大学	49	62	1.27	90
河南师范大学	42	54	1.29	91
对外经济贸易大学	54	70	1.30	92
常州大学	40	52	1.30	92
中山大学	55	73	1.33	94
青岛大学	64	86	1.34	95
中南大学	54	73	1.35	96
清华大学	58	80	1.38	97
同济大学	39	54	1.38	97
首都经济贸易大学	40	56	1.40	99
华东理工大学	30	42	1.40	99
天津工业大学	37	52	1.41	101
长春理工大学	39	55	1.41	101
江西师范大学	32	46	1.44	103
杭州师范大学	49	71	1.45	104
河南大学	62	91	1.47	105
贵州大学	51	76	1.49	106
北京化工大学	50	75	1.50	107
中央民族大学	52	78	1.50	107
西北农林科技大学	18	27	1.50	107
广西民族大学	37	56	1.51	110
广州大学	65	100	1.54	111
南京大学	68	107	1.57	112
西北师范大学	29	46	1.59	113

续表

学校名称	教师总数	课程开设数	总课师比	排名
首都师范大学	20	32	1.60	114
天津师范大学	40	66	1.65	115
山东师范大学	41	68	1.66	116
华中师范大学	37	62	1.68	117
南京理工大学	32	54	1.69	118
苏州大学	63	107	1.70	119
湖南工业大学	27	47	1.74	120
浙江农林大学	32	57	1.78	121
江西理工大学	23	41	1.78	121
华东师范大学	41	74	1.80	123
沈阳师范大学	53	99	1.87	124
华北电力大学	24	46	1.92	125
吉首大学	24	47	1.96	126
北京交通大学	32	64	2	127
中国民航大学	16	32	2	127
外交学院	22	45	2.05	129
中国地质大学	20	41	2.05	129
哈尔滨工业大学	17	35	2.06	131
长春工业大学	18	38	2.11	132
辽宁师范大学	30	66	2.20	133
华东交通大学	18	40	2.22	134
延边大学	31	69	2.23	135
浙江师范大学	20	45	2.25	136
北京科技大学	20	48	2.40	137
燕山大学	25	60	2.40	137
华中农业大学	19	47	2.47	139

学校名称	教师总数	课程开设数	总课师比	排名
哈尔滨工程大学	21	56	2.67	140
南京农业大学	14	41	2.93	141
长安大学	15	47	3.13	142
北京林业大学	14	46	3.29	143
中华女子学院	18	70	3.89	144
中国农业大学	15	104	6.93	145
中国社会科学院大学	–	55	–	146
西安政治学院	–	–	–	146
中共中央党校	–	–	–	146
西北工业大学	–	29	–	146
中国人民武装警察部队学院	–	–	–	146
电子科技大学	–	35	–	146
南京政治学院	–	–	–	146
海军大连舰艇学院	–	–	–	146
中央司法警察学院	–	–	–	146
塔里木大学	–	–	–	146
国防大学	–	–	–	146
中国人民公安大学	64	–	–	146
南开大学	58	–	–	146
辽宁大学	55	–	–	146
湖南大学	70	–	–	146
北京理工大学	49	–	–	146
北方工业大学	24	–	–	146
北京邮电大学	12	–	–	146
天津大学	56	–	–	146
天津商业大学	49	–	–	146

续表

学校名称	教师总数	课程开设数	总课师比	排名
大连理工大学	15	−	−	146
东北财经大学	40	−	−	146
中国刑事警察学院	18	−	−	146
哈尔滨商业大学	38	−	−	146
中国科学技术大学	33	−	−	146
华侨大学	47	−	−	146
河南财经政法大学	80	−	−	146
武汉理工大学	40	−	−	146
中南民族大学	58	−	−	146
中南林业科技大学	29	−	−	146
华南师范大学	44	−	−	146
广西大学	35	−	−	146
广西师范大学	46	−	−	146
贵州民族大学	64	−	−	146
云南大学	88	−	−	146
昆明理工大学	62	−	−	146
西安交通大学	50	−	−	146
兰州大学	45	−	−	146
青海民族大学	27	−	−	146
新疆大学	53	−	−	146
甘肃政法学院	195	−	−	146
中国石油大学	18	−	−	146
中国青年政治学院	45	−	−	146
河北经贸大学	52	−	−	146
中国科学院大学	12	−	−	146
上海社会科学院	39	−	−	146

续表

学校名称	教师总数	课程开设数	总课师比	排名
四川省社会科学院	26	–	–	146
江南大学	30	–	–	146
石家庄经济学院	24	–	–	146
太原科技大学	37	–	–	146
吉林师范大学	43	–	–	146
中国矿业大学	15	–	–	146
西安建筑科技大学	56	–	–	146
陕西师范大学	10	–	–	146
兰州财经大学	61	–	–	146
西北民族大学	32	–	–	146
新疆师范大学	49	–	–	146
新疆财经大学	41	–	–	146

八、教学资源－稳定度

一级指标：教学资源。

二级指标：稳定度。

指标说明：稳定度＝年度毕业生总人数/年度新招学生人数。

稳定度以1为中心值，各学校数据与其偏差为解释变量，偏差值越小，则学生数量越稳定，越有利于教学资源的合理分配，故排名越高。

学校名称	稳定度	排名
南开大学	1.000	1
西南政法大学	0.999	2
南京财经大学	0.995	3
杭州师范大学	1.006	4

续表

学校名称	稳定度	排名
四川大学	0.989	5
中国人民大学	0.989	5
吉林财经大学	0.988	7
北方工业大学	1.013	8
华中科技大学	1.014	9
北京师范大学	1.018	10
湘潭大学	1.019	11
福州大学	1.020	12
贵州大学	0.980	12
南京大学	0.979	14
中山大学	0.977	15
中南民族大学	1.023	15
吉首大学	1.026	17
天津工业大学	1.026	17
陕西师范大学	0.974	17
复旦大学	1.030	20
福建师范大学	0.970	20
南京农业大学	1.032	22
西南科技大学	1.033	23
西北农林科技大学	0.967	23
中国矿业大学	0.966	25
西北民族大学	1.035	26
广州大学	0.964	27
山东财经大学	1.036	27
河北大学	0.964	27
山西大学	1.037	30
暨南大学	0.963	30

学校名称	稳定度	排名
天津师范大学	0.962	32
湖南师范大学	1.038	32
云南大学	0.957	34
天津大学	1.043	34
广东外语外贸大学	0.955	36
华中农业大学	1.045	36
安徽财经大学	0.954	38
武汉理工大学	0.954	38
华东政法大学	1.046	38
清华大学	1.047	41
西北政法大学	0.952	42
厦门大学	1.050	43
新疆师范大学	1.058	44
西安财经学院	1.060	45
上海交通大学	0.939	46
云南民族大学	1.064	47
烟台大学	1.065	48
吉林师范大学	0.933	49
南京航空航天大学	0.929	50
东北林业大学	1.076	51
北京外国语大学	0.922	52
北京科技大学	1.079	53
北京大学	1.080	54
南京理工大学	1.082	55
安徽大学	0.915	56
江西财经大学	1.087	57
首都师范大学	1.089	58

学校名称	稳定度	排名
沈阳师范大学	1.092	59
北京林业大学	1.095	60
北京邮电大学	0.903	61
苏州大学	0.894	62
兰州大学	0.894	62
中国政法大学	1.110	64
云南财经大学	0.890	64
华东师范大学	1.111	66
北京化工大学	0.888	67
北京交通大学	0.882	68
中央民族大学	1.118	68
哈尔滨工业大学	1.120	70
河海大学	1.121	71
首都经济贸易大学	1.122	72
贵州师范大学	1.127	73
湖南大学	0.872	74
四川师范大学	1.128	74
延边大学	1.130	76
重庆邮电大学	0.867	77
中南财经政法大学	0.866	78
河南大学	0.866	78
电子科技大学	1.135	80
扬州大学	1.138	81
江西理工大学	1.139	82
吉林大学	0.860	83
青海民族大学	0.859	84
燕山大学	0.858	85

续表

学校名称	稳定度	排名
华北电力大学	1.145	86
重庆大学	1.147	87
中国青年政治学院	1.148	88
河南师范大学	0.851	89
安徽师范大学	1.150	90
长春工业大学	0.850	90
浙江师范大学	1.151	92
西北工业大学	1.154	93
东南大学	0.846	93
石家庄经济学院	0.845	95
中国石油大学	1.166	96
西南民族大学	1.168	97
广西民族大学	0.830	98
新疆大学	0.825	99
中国地质大学	0.822	100
辽宁大学	1.178	100
江南大学	0.817	102
山西财经大学	0.815	103
甘肃政法学院	0.812	104
内蒙古大学	0.807	105
黑龙江大学	0.807	105
山东大学	1.194	107
浙江工业大学	1.196	108
西安交通大学	1.200	109
上海财经大学	1.202	110
华侨大学	1.204	111
西南财经大学	0.786	112

续表

学校名称	稳定度	排名
常州大学	0.785	113
华东理工大学	1.224	114
淮北师范大学	0.769	115
同济大学	1.232	116
华南理工大学	0.764	117
西北师范大学	0.764	117
湖南工业大学	0.763	119
中国农业大学	1.243	120
海南大学	1.244	121
中南林业科技大学	0.755	122
宁夏大学	1.246	123
北京工商大学	0.747	124
东北师范大学	0.743	125
华东交通大学	0.729	126
北京理工大学	0.719	127
深圳大学	1.287	128
华中师范大学	0.709	129
西北大学	1.308	130
西南大学	1.312	131
郑州大学	1.319	132
天津财经大学	0.667	133
辽宁师范大学	0.664	134
上海师范大学	1.339	135
外交学院	0.661	135
长春理工大学	1.343	137
对外经济贸易大学	1.348	138
广西大学	1.368	139

续表

学校名称	稳定度	排名
贵州民族大学	0.630	140
东北大学	0.614	141
湖北大学	1.386	141
昆明理工大学	1.414	143
哈尔滨商业大学	1.415	144
浙江工商大学	1.427	145
中国海洋大学	1.429	146
武汉大学	1.431	147
哈尔滨工程大学	0.567	148
华南师范大学	1.434	149
河北经贸大学	1.459	150
西安建筑科技大学	0.508	151
东北财经大学	0.500	152
河南财经政法大学	0.494	153
中央财经大学	0.485	154
上海政法学院	1.520	155
天津商业大学	0.475	156
中国民航大学	0.475	156
南昌大学	1.535	158
中国计量学院	1.557	159
西南交通大学	1.574	160
上海对外经贸大学	1.594	161
广西师范大学	1.624	162
上海海事大学	1.656	163
江西师范大学	1.669	164
浙江农林大学	1.793	165
太原科技大学	1.829	166

学校名称	稳定度	排名
沈阳工业大学	1.853	167
南京师范大学	1.914	168
长安大学	2.000	169
南京工业大学	2.032	170
新疆财经大学	2.175	171
山东科技大学	2.971	172
宁波大学	5.000	173
上海大学	255.000	174
河北师范大学	-	175
山东师范大学	-	175
青岛大学	-	175
浙江大学	-	175
山东政法学院	-	175
广东财经大学	-	175
浙江财经大学	-	175
大连海事大学	-	175
中华女子学院	-	175
中国科学院大学	-	175
中南大学	-	175
中国社会科学院大学	-	175
北京航空航天大学	-	175
南京审计大学	-	175
中国刑事警察学院	-	175
大连理工大学	-	175
中国人民公安大学	-	175
上海社会科学院	-	175
兰州财经大学	-	175

学校名称	稳定度	排名
中国科学技术大学	–	175
西安政治学院	–	175
中共中央党校	–	175
中国人民武装警察部队学院	–	175
四川省社会科学院	–	175
南京政治学院	–	175
海军大连舰艇学院	–	175
中央司法警察学院	–	175
塔里木大学	–	175
国防大学	–	175

九、人才培养－总课生比

一级指标：人才培养。

二级指标：总课生比。

指标说明：总课生比＝法学专业开设课程总数/在校学生总数；专业课生比＝法学专业开设课程总数为院校法学院开设供学生选择修习的课程总数量（包括所有的必修课程和选修课程）/在校学生总数。

总课生比与学校排名呈正相关趋势。总课生比越高，则每个学生所享受到的教学资源越多，越有利于人才培养，故排名越高。

学校名称	在校学生总数	总课程门数	总课生比	排名
中国农业大学	239	104	0.44	1
哈尔滨工业大学	104	35	0.34	2
哈尔滨工程大学	178	56	0.31	3
南京工业大学	123	38	0.31	3
青岛大学	291	86	0.30	5

续表

学校名称	在校学生总数	总课程门数	总课生比	排名
西北工业大学	102	29	0.28	6
电子科技大学	127	35	0.28	6
上海交通大学	198	53	0.27	8
华中师范大学	259	62	0.24	9
中华女子学院	303	70	0.23	10
南京航空航天大学	114	26	0.23	10
同济大学	243	54	0.22	12
南京师范大学	255	56	0.22	12
西北大学	305	63	0.21	14
北京航空航天大学	202	41	0.20	15
首都师范大学	162	32	0.20	15
长春理工大学	306	55	0.18	17
燕山大学	336	60	0.18	17
外交学院	254	45	0.18	17
江西理工大学	240	41	0.17	20
长安大学	286	47	0.16	21
南京大学	660	107	0.16	21
重庆大学	530	84	0.16	21
沈阳工业大学	223	35	0.16	21
南京农业大学	263	41	0.16	21
北京交通大学	416	64	0.15	26
沈阳师范大学	661	99	0.15	26
北京科技大学	322	48	0.15	26
华东交通大学	272	40	0.15	26
中央财经大学	512	74	0.14	30
苏州大学	762	107	0.14	30

学校名称	在校学生总数	总课程门数	总课生比	排名
北京化工大学	537	75	0.14	30
贵州大学	546	76	0.14	30
北京林业大学	333	46	0.14	30
华北电力大学	337	46	0.14	30
清华大学	602	80	0.13	36
首都经济贸易大学	425	56	0.13	36
河海大学	356	46	0.13	36
北京师范大学	639	81	0.13	36
杭州师范大学	572	71	0.12	40
中国海洋大学	409	50	0.12	40
南京理工大学	442	54	0.12	40
重庆邮电大学	337	41	0.12	40
东北大学	323	39	0.12	40
中国民航大学	274	32	0.12	40
河北师范大学	371	43	0.12	40
宁波大学	781	89	0.11	47
东南大学	501	56	0.11	47
对外经济贸易大学	632	70	0.11	47
湘潭大学	633	70	0.11	47
天津工业大学	480	52	0.11	47
浙江农林大学	528	57	0.11	47
湖北大学	357	38	0.11	47
天津师范大学	622	66	0.11	47
淮北师范大学	330	34	0.10	55
内蒙古大学	607	62	0.10	55
常州大学	529	52	0.10	55

学校名称	在校学生总数	总课程门数	总课生比	排名
广州大学	1047	100	0.10	55
浙江工商大学	1016	95	0.09	59
华东师范大学	800	74	0.09	59
中国计量学院	487	45	0.09	59
大连海事大学	608	56	0.09	59
华南理工大学	691	63	0.09	59
宁夏大学	540	49	0.09	59
中央民族大学	860	78	0.09	59
中国地质大学	466	41	0.09	59
安徽财经大学	514	45	0.09	59
南昌大学	161	14	0.09	59
西南交通大学	485	42	0.09	59
厦门大学	1085	93	0.09	59
浙江大学	569	48	0.08	71
华东理工大学	504	42	0.08	71
华中科技大学	687	57	0.08	71
天津财经大学	506	41	0.08	71
福州大学	620	50	0.08	71
西南科技大学	602	48	0.08	71
南京财经大学	773	61	0.08	71
海南大学	574	45	0.08	71
上海海事大学	690	54	0.08	71
湖南师范大学	1001	78	0.08	71
中南大学	947	73	0.08	71
东北林业大学	730	56	0.08	71
吉首大学	623	47	0.08	71

学校名称	在校学生总数	总课程门数	总课生比	排名
上海对外经贸大学	594	44	0.07	84
延边大学	952	69	0.07	84
云南民族大学	567	40	0.07	84
安徽师范大学	687	48	0.07	84
浙江师范大学	648	45	0.07	84
安徽大学	568	39	0.07	84
湖南工业大学	685	47	0.07	84
河南大学	1336	91	0.07	84
江西师范大学	682	46	0.07	84
辽宁师范大学	982	66	0.07	84
武汉大学	1219	81	0.07	84
吉林财经大学	651	42	0.06	95
云南财经大学	545	35	0.06	95
长春工业大学	605	38	0.06	95
山东师范大学	1118	68	0.06	95
扬州大学	787	45	0.06	95
北京工商大学	533	30	0.06	95
浙江工业大学	846	47	0.06	95
广东外语外贸大学	1069	59	0.06	95
华中农业大学	856	47	0.05	103
暨南大学	422	23	0.05	103
北京大学	1573	85	0.05	103
中国人民大学	1462	79	0.05	103
山西财经大学	804	43	0.05	103
河北大学	1110	59	0.05	103
东北师范大学	925	49	0.05	103

学校名称	在校学生总数	总课程门数	总课生比	排名
山东政法学院	2257	119	0.05	103
黑龙江大学	1180	62	0.05	103
山西大学	804	42	0.05	103
北京外国语大学	487	25	0.05	103
上海财经大学	631	32	0.05	103
烟台大学	1028	52	0.05	103
西安财经学院	617	31	0.05	103
江西财经大学	660	33	0.05	103
西南财经大学	704	35	0.05	103
西北师范大学	937	46	0.05	103
吉林大学	1333	63	0.05	103
广西民族大学	1187	56	0.05	103
复旦大学	1134	51	0.04	122
上海大学	631	28	0.04	122
深圳大学	1544	64	0.04	122
山东科技大学	785	32	0.04	122
西南民族大学	1532	60	0.04	122
中山大学	1875	73	0.04	122
上海师范大学	1276	47	0.04	122
西北农林科技大学	760	27	0.04	122
四川师范大学	1665	59	0.04	122
郑州大学	1897	67	0.04	122
西南大学	1694	59	0.03	132
山东财经大学	1210	41	0.03	132
山东大学	1955	66	0.03	132
河南师范大学	1604	54	0.03	132

续表

学校名称	在校学生总数	总课程门数	总课生比	排名
南京审计大学	1500	49	0.03	132
广东财经大学	1718	56	0.03	132
福建师范大学	1577	45	0.03	132
中南财经政法大学	4479	127	0.03	132
中国政法大学	5708	151	0.03	132
贵州师范大学	1451	38	0.03	132
四川大学	986	21	0.02	142
华东政法大学	5371	61	0.01	143
上海政法学院	4213	33	0.01	143
西南政法大学	10052	68	0.01	143
西北政法大学	7093	21	0	146
中国人民公安大学	-	-	-	147
中国社会科学院大学	-	55	-	147
西安政治学院	-	-	-	147
中共中央党校	-	-	-	147
中国刑事警察学院	-	-	-	147
中国科学技术大学	-	-	-	147
中国人民武装警察部队学院	-	-	-	147
浙江财经大学	-	62	-	147
中国科学院大学	-	-	-	147
上海社会科学院	-	-	-	147
四川省社会科学院	-	-	-	147
南京政治学院	-	-	-	147
海军大连舰艇学院	-	-	-	147
国防大学	-	-	-	147
南开大学	736	-	-	147

学校名称	在校学生总数	总课程门数	总课生比	排名
辽宁大学	667	–	–	147
湖南大学	601	–	–	147
北京理工大学	339	–	–	147
北方工业大学	316	–	–	147
北京邮电大学	121	–	–	147
天津大学	241	–	–	147
天津商业大学	1062	–	–	147
大连理工大学	304	–	–	147
东北财经大学	478	–	–	147
哈尔滨商业大学	449	–	–	147
华侨大学	889	–	–	147
河南财经政法大学	1753	–	–	147
武汉理工大学	946	–	–	147
中南民族大学	773	–	–	147
中南林业科技大学	351	–	–	147
华南师范大学	907	–	–	147
广西大学	575	–	–	147
广西师范大学	1165	–	–	147
贵州民族大学	1892	–	–	147
云南大学	2242	–	–	147
昆明理工大学	1561	–	–	147
西安交通大学	181	–	–	147
兰州大学	1201	–	–	147
青海民族大学	395	–	–	147
新疆大学	1488	–	–	147
甘肃政法学院	2748	–	–	147

学校名称	在校学生总数	总课程门数	总课生比	排名
中国石油大学	233	–	–	147
中国青年政治学院	566	–	–	147
河北经贸大学	1134	–	–	147
江南大学	418	–	–	147
石家庄经济学院	611	–	–	147
太原科技大学	168	–	–	147
吉林师范大学	242	–	–	147
中国矿业大学	181	–	–	147
西安建筑科技大学	189	–	–	147
陕西师范大学	899	–	–	147
兰州财经大学	449	–	–	147
西北民族大学	846	–	–	147
新疆师范大学	362	–	–	147
新疆财经大学	604	–	–	147
中央司法警察学院	1906	–	–	147
塔里木大学	230	–	–	147

十、就业与发展－深造总人数

一级指标：就业与发展。

二级指标：深造总人数。

指标说明：当年法律毕业生继续深造人数包括继续攻读硕士学位、出国留学等学生人数。

深造总人数与学校排名呈正相关趋势。深造总人数越高，学生就业与发展水平越高，则学校排名越高。

学校名称	深造总人数	排名
中国政法大学	940	1
华东政法大学	504	2
中南财经政法大学	443	3
宁波大学	413	4
兰州大学	352	5
上海政法学院	214	6
广西师范大学	125	7
山东师范大学	116	8
河南财经政法大学	116	8
安徽师范大学	114	10
北京大学	95	11
湖南大学	94	12
上海海事大学	91	13
中国人民大学	75	14
四川大学	70	15
北京师范大学	69	16
西南财经大学	68	17
华南理工大学	60	18
北京交通大学	56	19
南京大学	54	20
厦门大学	53	21
湘潭大学	53	21
对外经济贸易大学	51	23
河北经贸大学	51	23
广东外语外贸大学	51	23
山西大学	50	26
中央财经大学	48	27

续表

学校名称	深造总人数	排名
东北师范大学	48	28
河海大学	47	29
湖南师范大学	46	30
安徽财经大学	44	31
浙江农林大学	44	31
江西财经大学	43	33
北京林业大学	41	34
清华大学	40	35
北京化工大学	40	35
北京外国语大学	40	35
华北电力大学	40	35
江南大学	39	39
浙江工商大学	38	40
北京科技大学	38	40
北京工商大学	37	42
武汉理工大学	37	42
南开大学	36	44
中南民族大学	36	44
浙江大学	34	46
中南林业科技大学	34	46
南京财经大学	33	48
华中科技大学	33	48
中国海洋大学	32	50
外交学院	32	50
天津工业大学	32	50
哈尔滨工程大学	31	53
北京航空航天大学	29	54

学校名称	深造总人数	排名
福州大学	29	54
河北大学	29	54
西北农林科技大学	29	54
东南大学	27	58
浙江财经大学	27	58
东北财经大学	26	60
内蒙古大学	25	61
华中农业大学	25	61
吉首大学	25	61
西安财经学院	25	61
中央民族大学	24	65
中国计量学院	24	65
天津大学	23	67
中国科学技术大学	23	67
西南交通大学	23	67
中国石油大学	23	67
湖南工业大学	22	71
天津商业大学	21	72
吉林财经大学	21	72
广西民族大学	21	72
西北民族大学	21	72
中国农业大学	20	76
云南民族大学	20	76
华东师范大学	20	76
南京航空航天大学	19	79
大连海事大学	18	80
常州大学	18	80

续表

学校名称	深造总人数	排名
南京理工大学	18	80
淮北师范大学	18	80
华南师范大学	17	84
甘肃政法学院	17	84
大连理工大学	16	86
四川师范大学	16	86
石家庄经济学院	16	86
江西理工大学	15	89
中国地质大学	15	89
西北工业大学	15	89
太原科技大学	15	89
电子科技大学	15	89
北京邮电大学	14	94
首都师范大学	14	94
暨南大学	14	94
西北政法大学	14	94
同济大学	13	98
河北师范大学	13	98
东北大学	12	100
哈尔滨工业大学	11	101
华东交通大学	10	102
重庆邮电大学	10	102
中国青年政治学院	9	104
长安大学	9	104
长春理工大学	8	106
新疆财经大学	5	107
沈阳工业大学	4	108

续表

学校名称	深造总人数	排名
西北大学	4	108
宁夏大学	4	108
青海民族大学	3	111
长春工业大学	2	112
新疆大学	1	113
吉林大学	−	114
浙江工业大学	−	114
首都经济贸易大学	−	114
上海交通大学	−	114
中国人民公安大学	−	114
辽宁大学	−	114
黑龙江大学	−	114
复旦大学	−	114
苏州大学	−	114
南京师范大学	−	114
安徽大学	−	114
山东大学	−	114
郑州大学	−	114
武汉大学	−	114
中南大学	−	114
中山大学	−	114
海南大学	−	114
重庆大学	−	114
西南政法大学	−	114
中国社会科学院大学	−	114
西安政治学院	−	114
中共中央党校	−	114

续表

学校名称	深造总人数	排名
北京理工大学	–	114
北方工业大学	–	114
中国民航大学	–	114
天津师范大学	–	114
山西财经大学	–	114
辽宁师范大学	–	114
沈阳师范大学	–	114
中国刑事警察学院	–	114
延边大学	–	114
东北林业大学	–	114
哈尔滨商业大学	–	114
华东理工大学	–	114
上海师范大学	–	114
上海财经大学	–	114
上海对外经贸大学	–	114
上海大学	–	114
南京工业大学	–	114
杭州师范大学	–	114
华侨大学	–	114
福建师范大学	–	114
南昌大学	–	114
山东科技大学	–	114
山东财经大学	–	114
河南大学	–	114
河南师范大学	–	114
华中师范大学	–	114
湖北大学	–	114

学校名称	深造总人数	排名
深圳大学	–	114
广东财经大学	–	114
广西大学	–	114
西南民族大学	–	114
贵州大学	–	114
贵州师范大学	–	114
贵州民族大学	–	114
云南大学	–	114
昆明理工大学	–	114
云南财经大学	–	114
西安交通大学	–	114
西北师范大学	–	114
青岛大学	–	114
烟台大学	–	114
广州大学	–	114
中国人民武装警察部队学院	–	114
扬州大学	–	114
中国科学院大学	–	114
上海社会科学院	–	114
四川省社会科学院	–	114
天津财经大学	–	114
吉林师范大学	–	114
燕山大学	–	114
中国矿业大学	–	114
南京农业大学	–	114
浙江师范大学	–	114
江西师范大学	–	114

学校名称	深造总人数	排名
西南科技大学	–	114
西南大学	–	114
西安建筑科技大学	–	114
陕西师范大学	–	114
兰州财经大学	–	114
新疆师范大学	–	114
南京政治学院	–	114
海军大连舰艇学院	–	114
山东政法学院	–	114
中华女子学院	–	114
中央司法警察学院	–	114
南京审计大学	–	114
塔里木大学	–	114
国防大学	–	114

十一、就业与发展－就业率

一级指标：就业与发展。

二级指标：就业率。

指标说明：就业率＝（当年法律毕业生一次性就业总人数/当年应毕业总人数）×100%。

就业率与学校排名呈正相关趋势。就业率越高，则学生就业与发展水平越高，学校排名越高。

学校名称	就业率	排名
清华大学	100%	1
南京航空航天大学	100%	1

续表

学校名称	就业率	排名
北京邮电大学	100%	1
首都师范大学	100%	1
同济大学	100%	1
上海交通大学	100%	1
上海大学	100%	1
西安交通大学	100%	1
广州大学	100%	1
扬州大学	100%	1
中国科学院大学	100%	1
太原科技大学	99.42%	12
华侨大学	99.36%	13
中国政法大学	99.22%	14
湖南师范大学	98.84%	15
上海海事大学	98.81%	16
中南大学	98.66%	17
中华女子学院	98.63%	18
华中农业大学	98.55%	19
吉首大学	98.55%	19
北京工商大学	98.48%	21
天津大学	98.33%	22
北方工业大学	98.32%	23
中央财经大学	98.28%	24
北京交通大学	98.21%	25
山东师范大学	98.09%	26
浙江工业大学	97.92%	27
浙江师范大学	97.80%	28
辽宁师范大学	97.74%	29

学校名称	就业率	排名
黑龙江大学	97.73%	30
西北工业大学	97.67%	31
西北农林科技大学	97.37%	32
复旦大学	97.37%	32
安徽师范大学	97.26%	34
东北师范大学	97.14%	35
南京理工大学	97.09%	36
沈阳工业大学	97.06%	37
南京大学	97.03%	38
上海师范大学	97.01%	39
中国人民公安大学	97.00%	40
南京农业大学	96.88%	41
大连海事大学	96.74%	42
云南大学	96.72%	43
宁波大学	96.69%	44
对外经济贸易大学	96.63%	45
首都经济贸易大学	96.55%	46
中国民航大学	96.53%	47
辽宁大学	96.25%	48
西北大学	96.15%	49
四川师范大学	95.76%	50
河北经贸大学	95.71%	51
南京审计大学	95.68%	52
北京化工大学	95.62%	53
石家庄经济学院	95.61%	54
东北林业大学	95.57%	55
华东政法大学	95.49%	56

学校名称	就业率	排名
天津工业大学	95.45%	57
北京理工大学	95.45%	58
湖南大学	95.33%	59
贵州民族大学	95.30%	60
北京大学	95.27%	61
河南师范大学	95.27%	61
东南大学	95.24%	63
浙江大学	95.14%	64
华南师范大学	95.08%	65
河北大学	94.87%	66
淮北师范大学	94.67%	67
电子科技大学	94.61%	68
上海财经大学	94.59%	69
华南理工大学	94.48%	70
河北师范大学	94.44%	71
北京师范大学	94.39%	72
北京林业大学	94.29%	73
华中师范大学	94.26%	74
湖南工业大学	94.20%	75
中国矿业大学	94.12%	76
西北师范大学	93.85%	77
青岛大学	93.75%	78
哈尔滨工业大学	93.33%	79
湖北大学	93.33%	79
西南民族大学	93.33%	79
河南财经政法大学	93.02%	82
浙江工商大学	93.00%	83

续表

学校名称	就业率	排名
南京师范大学	92.94%	84
北京科技大学	92.54%	85
江南大学	92.38%	86
重庆邮电大学	92.36%	87
西南政法大学	92.12%	88
浙江农林大学	91.85%	89
福州大学	91.84%	90
沈阳师范大学	91.79%	91
杭州师范大学	91.67%	92
西安财经学院	91.46%	93
中国科学技术大学	91.20%	94
中南财经政法大学	91.08%	95
青海民族大学	91%	96
安徽财经大学	90.98%	97
上海政法学院	90.90%	98
哈尔滨工程大学	90.63%	99
河南大学	90.37%	100
武汉理工大学	90.32%	101
华东交通大学	90.32%	101
华中科技大学	90.28%	103
中国农业大学	90.24%	104
贵州师范大学	90.15%	105
厦门大学	90.10%	106
华东理工大学	90%	107
常州大学	89.91%	108
浙江财经大学	89.86%	109
天津师范大学	89.70%	110

续表

学校名称	就业率	排名
中国地质大学	89.66%	111
东北大学	89.60%	112
北京航空航天大学	89.36%	113
吉林财经大学	89.20%	114
中国青年政治学院	88.89%	115
中国计量学院	88.76%	116
山东科技大学	88.57%	117
安徽大学	88.22%	118
吉林大学	88.17%	119
深圳大学	87.95%	120
河海大学	87.50%	121
云南财经大学	87.50%	121
西北政法大学	87.48%	123
外交学院	87.36%	124
中国石油大学	87.30%	125
燕山大学	87.23%	126
华东师范大学	87.05%	127
暨南大学	86.67%	128
广东财经大学	86.67%	128
广西民族大学	86.41%	130
郑州大学	86.32%	131
中国海洋大学	86.11%	132
长安大学	85.71%	133
哈尔滨商业大学	85.42%	134
四川大学	85.37%	135
西南财经大学	85.16%	136
上海对外经贸大学	84.83%	137

学校名称	就业率	排名
南京工业大学	84.62%	138
江西财经大学	84.47%	139
广东外语外贸大学	83.82%	140
湘潭大学	83.50%	141
江西理工大学	83.33%	142
南京财经大学	83.10%	143
兰州大学	83.02%	144
南开大学	82.61%	145
兰州财经大学	82.61%	145
中南民族大学	82.35%	147
中山大学	80.77%	148
中国人民大学	80.56%	149
北京外国语大学	79.73%	150
长春理工大学	79.71%	151
华北电力大学	79.57%	152
西安建筑科技大学	78.69%	153
吉林师范大学	78.26%	154
西北民族大学	77.14%	155
苏州大学	77.11%	156
新疆大学	76.92%	157
西南交通大学	75.34%	158
陕西师范大学	74.74%	159
烟台大学	74.07%	160
天津财经大学	73.98%	161
新疆财经大学	73.12%	162
大连理工大学	72.79%	163
西南科技大学	72.62%	164

学校名称	就业率	排名
山东大学	71.88%	165
中央司法警察学院	71.23%	166
西南大学	70.37%	167
重庆大学	70.34%	168
贵州大学	67.16%	169
中央民族大学	65.52%	170
江西师范大学	65.34%	171
武汉大学	64.91%	172
长春工业大学	62.16%	173
中南林业科技大学	58.00%	174
延边大学	57.29%	175
广西大学	56.90%	176
天津商业大学	53.05%	177
海南大学	49.58%	178
山西财经大学	47.20%	179
广西师范大学	45.24%	180
内蒙古大学	42.80%	181
宁夏大学	26.00%	182
山西大学	–	183
东北财经大学	–	183
云南民族大学	–	183
甘肃政法学院	–	183
中国社会科学院大学	–	183
西安政治学院	–	183
中共中央党校	–	183
中国刑事警察学院	–	183
福建师范大学	–	183

学校名称	就业率	排名
南昌大学	–	183
山东财经大学	–	183
昆明理工大学	–	183
中国人民武装警察部队学院	–	183
上海社会科学院	–	183
四川省社会科学院	–	183
新疆师范大学	–	183
南京政治学院	–	183
海军大连舰艇学院	–	183
山东政法学院	–	183
塔里木大学	–	183
国防大学	–	183

十二、科学研究－C刊论文总数

一级指标：科学研究。

二级指标：C刊论文总数。

指标说明：2019年发表中文社会科学引文CSSCI期刊论文总数（以南京大学中国社会科学研究评价中心C刊为标准）。

C刊论文总数与学校排名呈正相关趋势。C刊论文总数越高，则学校教师学术科研水平越高，学校科研能力越强，故排名越高。

学校名称	2019年C刊论文总数	排名
中国政法大学	536	1
中国人民大学	362	2
西南政法大学	360	3
武汉大学	349	4

续表

学校名称	2019 年 C 刊论文总数	排名
华东政法大学	310	5
中南财经政法大学	230	6
北京大学	227	7
吉林大学	208	8
清华大学	193	9
南京大学	130	10
东南大学	130	10
北京师范大学	129	12
浙江大学	120	13
上海交通大学	94	14
山东大学	89	15
对外经济贸易大学	86	16
中山大学	83	17
西北政法大学	82	18
南开大学	82	18
厦门大学	80	20
复旦大学	77	21
中央财经大学	73	22
南京师范大学	73	22
湘潭大学	70	24
中南大学	69	25
四川大学	66	26
广东外语外贸大学	66	26
北京航空航天大学	62	28
重庆大学	62	28
苏州大学	61	30

续表

学校名称	2019 年 C 刊论文总数	排名
华东师范大学	56	31
天津大学	52	32
上海财经大学	51	33
同济大学	49	34
上海政法学院	48	35
海南大学	46	36
中央民族大学	45	37
广州大学	40	38
深圳大学	40	38
湖南师范大学	39	40
云南大学	39	40
大连海事大学	38	42
湖南大学	35	43
华南理工大学	35	43
华中师范大学	32	45
华中科技大学	32	45
安徽大学	32	47
上海大学	31	48
西安交通大学	31	48
西南财经大学	31	48
黑龙江大学	29	51
郑州大学	29	51
中共中央党校	29	51
中国人民公安大学	28	54
中国海洋大学	28	54
江西财经大学	28	54

续表

学校名称	2019 年 C 刊论文总数	排名
上海对外经贸大学	26	57
河南大学	24	58
广西民族大学	24	58
中国社会科学院大学	24	58
辽宁大学	23	61
北京理工大学	23	61
安徽财经大学	23	61
中国科学院大学	22	64
首都经济贸易大学	22	64
中南民族大学	22	64
贵州民族大学	21	67
华南师范大学	21	67
河南财经政法大学	21	67
暨南大学	21	67
山东政法学院	21	67
南昌大学	20	72
南京航空航天大学	19	73
西北大学	19	73
华东理工大学	19	73
广东财经大学	19	73
上海师范大学	18	77
南京审计大学	18	77
北京外国语大学	18	77
上海社会科学院	18	77
东北师范大学	17	81
浙江财经大学	17	81

续表

学校名称	2019 年 C 刊论文总数	排名
大连理工大学	17	81
西南大学	17	81
河北经贸大学	16	85
河北大学	16	85
浙江工商大学	16	85
福州大学	16	85
南京财经大学	16	85
扬州大学	15	90
南京理工大学	15	90
宁波大学	15	90
河南师范大学	15	90
常州大学	15	90
烟台大学	15	90
贵州大学	15	90
甘肃政法学院	15	90
华侨大学	14	98
浙江工业大学	14	98
兰州大学	14	98
首都师范大学	13	101
上海海事大学	13	101
沈阳师范大学	13	101
天津师范大学	13	101
河海大学	13	101
江西师范大学	13	101
山西财经大学	13	101
北京交通大学	12	108

学校名称	2019 年 C 刊论文总数	排名
电子科技大学	12	108
湖北大学	12	108
福建师范大学	12	108
重庆邮电大学	11	112
天津财经大学	11	112
广西大学	11	112
山西大学	11	112
山东师范大学	10	116
西南民族大学	10	116
哈尔滨工程大学	10	116
华北电力大学	10	116
西北工业大学	9	120
安徽师范大学	9	120
四川师范大学	9	120
河北师范大学	9	120
中国矿业大学	9	120
杭州师范大学	9	120
山东科技大学	9	120
陕西师范大学	9	120
天津商业大学	9	120
华中农业大学	8	129
北京化工大学	8	129
青岛大学	8	129
北京科技大学	8	129
贵州师范大学	8	129
中国地质大学	8	129

续表

学校名称	2019 年 C 刊论文总数	排名
新疆大学	8	129
广西师范大学	8	129
北京工商大学	7	137
北京林业大学	7	137
中国农业大学	7	137
西南交通大学	7	137
西南科技大学	7	137
中国刑事警察学院	7	137
中国民航大学	6	137
华东交通大学	6	143
东北大学	6	143
内蒙古大学	6	143
山东财经大学	6	143
昆明理工大学	6	143
北京邮电大学	5	149
辽宁师范大学	5	149
南京农业大学	5	149
西北师范大学	5	149
江南大学	5	149
东北财经大学	5	149
北方工业大学	4	155
浙江师范大学	4	155
浙江农林大学	4	155
武汉理工大学	4	155
吉林财经大学	4	155
江西理工大学	4	155

续表

学校名称	2019 年 C 刊论文总数	排名
中南林业科技大学	4	155
四川省社会科学院	4	155
中华女子学院	3	163
西北农林科技大学	3	163
东北林业大学	3	163
天津工业大学	3	163
湖南工业大学	3	163
中国科学技术大学	3	163
中国青年政治学院	3	163
云南财经大学	3	163
燕山大学	3	163
南京工业大学	3	163
兰州财经大学	3	163
长春理工大学	3	163
西安建筑科技大学	3	163
延边大学	3	163
吉林师范大学	2	177
新疆财经大学	2	177
长春工业大学	2	177
国防大学	2	177
吉首大学	1	181
沈阳工业大学	1	181
淮北师范大学	1	181
哈尔滨工业大学	1	181
青海民族大学	1	181
外交学院	1	181

学校名称	2019 年 C 刊论文总数	排名
中国石油大学	1	181
长安大学	1	181
西北民族大学	1	181
云南民族大学	1	181
太原科技大学	0	191
石家庄经济学院	0	191
西安财经学院	0	191
中国计量学院	0	191
哈尔滨商业大学	0	191
中央司法警察学院	0	191
宁夏大学	0	191
西安政治学院	0	191
中国人民武装警察部队学院	0	191
新疆师范大学	0	191
南京政治学院	0	191
海军大连舰艇学院	0	191
塔里木大学	0	191

十三、科学研究－人均 C 刊数

一级指标：科学研究。

二级指标：人均 C 刊数。

指标说明：人均 C 刊数＝2019 年 C 刊论文总数/教师总数。

人均 C 刊数与学校排名呈正相关趋势。人均 C 刊数越高，则学校教师学术科研水平越高，学校科研能力越强，故排名越高。

学校名称	教师总数	2019 年 C 刊论文总数	人均 C 刊数	排名
清华大学	58	193	3.33	1
武汉大学	116	349	3.01	2
北京大学	77	227	2.95	3
中国人民大学	130	362	2.78	4
东南大学	54	130	2.41	5
吉林大学	95	208	2.19	6
浙江大学	61	120	1.97	7
南京大学	68	130	1.91	8
中国科学院大学	12	22	1.83	9
华东政法大学	183	310	1.69	10
对外经济贸易大学	54	86	1.59	11
中山大学	55	83	1.51	12
北京师范大学	90	129	1.43	13
南开大学	58	82	1.41	14
华东师范大学	41	56	1.37	15
上海交通大学	69	94	1.36	16
复旦大学	58	77	1.33	17
中南大学	54	69	1.28	18
同济大学	39	49	1.26	19
西南政法大学	287	360	1.25	20
中央财经大学	63	73	1.16	21
中国政法大学	467	536	1.15	22
大连理工大学	15	17	1.13	23
中南财经政法大学	210	230	1.10	24
山东大学	82	89	1.09	25
南京师范大学	69	73	1.06	26
北京航空航天大学	60	62	1.03	27

续表

学校名称	教师总数	2019 年 C 刊论文总数	人均 C 刊数	排名
湘潭大学	70	70	1	28
厦门大学	81	80	0.99	29
四川大学	67	66	0.99	29
上海财经大学	52	51	0.98	31
广东外语外贸大学	68	66	0.97	32
苏州大学	63	61	0.97	32
天津大学	56	52	0.93	34
重庆大学	67	62	0.93	34
陕西师范大学	10	9	0.90	36
中央民族大学	52	45	0.87	37
华中师范大学	37	32	0.86	38
上海政法学院	57	48	0.84	39
南京航空航天大学	23	19	0.83	40
海南大学	61	46	0.75	41
北京外国语大学	25	18	0.72	42
首都师范大学	20	13	0.65	43
广西民族大学	37	24	0.65	43
华东理工大学	30	19	0.63	45
上海大学	49	31	0.63	45
西安交通大学	50	31	0.62	47
广州大学	65	40	0.62	47
中国矿业大学	15	9	0.60	49
华南理工大学	59	35	0.59	50
中国海洋大学	48	28	0.58	51
华中科技大学	58	32	0.55	52
大连海事大学	69	38	0.55	52

学校名称	教师总数	2019年C刊论文总数	人均C刊数	排名
首都经济贸易大学	40	22	0.55	52
安徽大学	64	32	0.50	55
湖南大学	70	35	0.50	55
西南财经大学	62	31	0.50	55
北京林业大学	14	7	0.50	55
黑龙江大学	60	29	0.48	59
华南师范大学	44	21	0.48	59
哈尔滨工程大学	21	10	0.48	59
北京理工大学	49	23	0.47	62
南京理工大学	32	15	0.47	62
中国农业大学	15	7	0.47	62
上海社会科学院	39	18	0.46	65
深圳大学	87	40	0.46	65
湖南师范大学	86	39	0.45	67
云南大学	88	39	0.44	68
上海对外经贸大学	59	26	0.44	68
上海师范大学	41	18	0.44	68
中国人民公安大学	64	28	0.44	68
江西财经大学	64	28	0.44	68
安徽财经大学	54	23	0.43	73
华中农业大学	19	8	0.42	74
辽宁大学	55	23	0.42	74
北京邮电大学	12	5	0.42	74
华北电力大学	24	10	0.42	77
江西师范大学	32	13	0.41	78
暨南大学	52	21	0.40	79

学校名称	教师总数	2019年C刊论文总数	人均C刊数	排名
南昌大学	50	20	0.40	80
中国地质大学	20	8	0.40	80
北京科技大学	20	8	0.40	80
中国刑事警察学院	18	7	0.39	83
河南大学	62	24	0.39	83
郑州大学	75	29	0.39	83
中南民族大学	58	22	0.38	86
北京交通大学	32	12	0.38	86
中国民航大学	16	6	0.38	86
湖北大学	32	12	0.38	86
常州大学	40	15	0.38	86
西北大学	52	19	0.37	91
南京审计大学	50	18	0.36	92
河南师范大学	42	15	0.36	92
南京农业大学	14	5	0.36	92
扬州大学	43	15	0.35	95
华东交通大学	18	6	0.33	96
贵州民族大学	64	21	0.33	96
天津师范大学	40	13	0.33	96
河海大学	40	13	0.33	96
重庆邮电大学	34	11	0.32	100
西南大学	54	17	0.31	101
广西大学	35	11	0.31	101
兰州大学	45	14	0.31	101
河北经贸大学	52	16	0.31	101
浙江财经大学	57	17	0.30	105

学校名称	教师总数	2019 年 C 刊论文总数	人均 C 刊数	排名
华侨大学	47	14	0.30	105
贵州大学	51	15	0.29	107
烟台大学	51	15	0.29	107
天津财经大学	38	11	0.29	107
福州大学	56	16	0.29	107
西北政法大学	291	82	0.28	111
南京财经大学	59	16	0.27	112
东北师范大学	64	17	0.27	112
河南财经政法大学	80	21	0.26	114
山东科技大学	36	9	0.25	115
沈阳师范大学	53	13	0.25	115
山东师范大学	41	10	0.24	117
广东财经大学	82	19	0.23	118
上海海事大学	57	13	0.23	118
福建师范大学	53	12	0.23	118
浙江工业大学	65	14	0.22	121
浙江师范大学	20	4	0.20	122
山西大学	56	11	0.20	122
北京工商大学	36	7	0.19	124
浙江工商大学	83	16	0.19	124
贵州师范大学	42	8	0.19	124
山西财经大学	70	13	0.19	124
天津商业大学	49	9	0.18	128
杭州师范大学	49	9	0.18	128
四川师范大学	50	9	0.18	128
西南交通大学	40	7	0.18	128

学校名称	教师总数	2019年C刊论文总数	人均C刊数	排名
江西理工大学	23	4	0.17	132
广西师范大学	46	8	0.17	132
西北师范大学	29	5	0.17	132
河北大学	93	16	0.17	132
宁波大学	89	15	0.17	132
北方工业大学	24	4	0.17	132
辽宁师范大学	30	5	0.17	132
江南大学	30	5	0.17	132
西北农林科技大学	18	3	0.17	132
中华女子学院	18	3	0.17	132
北京化工大学	50	8	0.16	142
西南民族大学	65	10	0.15	143
四川省社会科学院	26	4	0.15	143
新疆大学	53	8	0.15	143
安徽师范大学	61	9	0.15	143
中南林业科技大学	29	4	0.14	147
河北师范大学	66	9	0.14	147
西南科技大学	54	7	0.13	149
东北财经大学	40	5	0.13	149
青岛大学	64	8	0.13	149
浙江农林大学	32	4	0.13	149
内蒙古大学	49	6	0.12	153
燕山大学	25	3	0.12	153
湖南工业大学	27	3	0.11	155
长春工业大学	18	2	0.11	155
山东政法学院	190	21	0.11	155

学校名称	教师总数	2019年C刊论文总数	人均C刊数	排名
武汉理工大学	40	4	0.10	158
延边大学	31	3	0.10	158
昆明理工大学	62	6	0.10	158
中国科学技术大学	33	3	0.09	161
东北大学	67	6	0.09	161
吉林财经大学	46	4	0.09	161
云南财经大学	36	3	0.08	164
天津工业大学	37	3	0.08	164
长春理工大学	39	3	0.08	164
甘肃政法学院	195	15	0.08	164
山东财经大学	81	6	0.07	168
中国青年政治学院	45	3	0.07	168
长安大学	15	1	0.07	168
南京工业大学	50	3	0.06	171
哈尔滨工业大学	17	1	0.06	171
中国石油大学	18	1	0.06	171
西安建筑科技大学	56	3	0.05	174
兰州财经大学	61	3	0.05	174
新疆财经大学	41	2	0.05	174
吉林师范大学	43	2	0.05	174
东北林业大学	66	3	0.05	174
外交学院	22	1	0.05	174
吉首大学	24	1	0.04	180
青海民族大学	27	1	0.04	180
西北民族大学	32	1	0.03	182
云南民族大学	33	1	0.03	182

学校名称	教师总数	2019 年 C 刊论文总数	人均 C 刊数	排名
沈阳工业大学	44	1	0.02	184
淮北师范大学	80	1	0.01	185
中国社会科学院大学	–	24	–	186
西安政治学院	–	–	–	186
中共中央党校	–	29	–	186
西北工业大学	–	9	–	186
中国人民武装警察部队学院	–	–	–	186
电子科技大学	–	12	–	186
南京政治学院	–	–	–	186
海军大连舰艇学院	–	–	–	186
中央司法警察学院	–	–	–	186
塔里木大学	–	–	–	186
国防大学	–	2	–	186
哈尔滨商业大学	38	–	–	186
宁夏大学	73	–	–	186
石家庄经济学院	24	–	–	186
太原科技大学	37	–	–	186
中国计量学院	48	–	–	186
新疆师范大学	49	–	–	186
西安财经学院	32	–	–	186

十四、科学研究－知网论文总数

一级指标：科学研究。

二级指标：知网论文总数。

指标说明：2019 年发表论文总数（以中国知网统计为标准）。

知网论文总数与学校排名呈正相关趋势。知网论文总数越高，则学校教师学术科研水平越高，学校科研能力越强，故排名越高。

学校名称	2019 年知网论文总数	排名
华东政法大学	2447	1
中国政法大学	1421	2
西南政法大学	1154	3
吉林大学	829	4
武汉大学	818	5
中国人民大学	807	6
黑龙江大学	668	7
西北政法大学	647	8
中南财经政法大学	587	9
山东大学	577	10
北京大学	536	11
安徽大学	512	12
郑州大学	461	13
南京师范大学	453	14
北京师范大学	445	15
苏州大学	440	16
浙江大学	431	17
中国人民公安大学	415	18
河北经贸大学	395	19
清华大学	387	20
东南大学	371	21
湖南师范大学	360	22
甘肃政法学院	351	23
兰州大学	344	24
江西财经大学	329	25
湘潭大学	311	26
华中师范大学	308	27

续表

学校名称	2019 年知网论文总数	排名
四川大学	306	28
大连海事大学	305	29
南京大学	303	30
上海师范大学	299	31
华中科技大学	297	32
西北大学	293	33
华南理工大学	287	34
南昌大学	286	35
中央财经大学	277	36
河北大学	274	37
辽宁大学	270	38
南开大学	264	39
海南大学	256	40
广西大学	254	41
沈阳师范大学	254	41
贵州民族大学	253	43
上海交通大学	249	44
厦门大学	245	45
云南大学	243	46
广东外语外贸大学	235	47
复旦大学	219	48
烟台大学	214	49
宁波大学	212	50
华侨大学	207	51
对外经济贸易大学	206	52
吉林财经大学	200	53

续表

学校名称	2019 年知网论文总数	排名
重庆大学	194	54
安徽财经大学	194	54
天津师范大学	194	54
广州大学	189	57
广西师范大学	186	58
中南大学	185	59
上海政法学院	183	60
贵州大学	181	61
中山大学	179	62
山西大学	179	62
河南大学	176	64
青岛大学	167	65
新疆大学	166	66
扬州大学	165	67
辽宁师范大学	158	68
长春理工大学	156	69
广西民族大学	154	70
河南财经政法大学	153	71
内蒙古大学	153	71
上海大学	147	73
昆明理工大学	146	74
西南科技大学	143	75
沈阳工业大学	136	76
天津大学	132	77
中共中央党校	132	77
北京航空航天大学	128	79

续表

学校名称	2019 年知网论文总数	排名
华东师范大学	126	80
中央民族大学	122	81
国防大学	122	81
同济大学	121	83
西南大学	120	84
中国海洋大学	118	85
西南财经大学	118	85
山西财经大学	118	85
深圳大学	114	88
山东师范大学	114	88
上海财经大学	111	90
延边大学	111	90
福建师范大学	109	92
哈尔滨商业大学	106	93
福州大学	105	94
天津商业大学	104	95
湖南大学	101	96
上海社会科学院	99	97
浙江工商大学	97	98
中国矿业大学	96	99
北方工业大学	96	99
上海对外经贸大学	95	101
山东政法学院	94	102
中国社会科学院大学	92	103
东北林业大学	91	104
西北民族大学	91	104

续表

学校名称	2019 年知网论文总数	排名
江西师范大学	90	106
上海海事大学	89	107
南京工业大学	89	107
暨南大学	88	109
首都经济贸易大学	87	110
电子科技大学	87	110
四川省社会科学院	85	112
北京交通大学	84	113
广东财经大学	84	113
东北师范大学	83	115
中国地质大学	82	116
山东科技大学	82	116
北京理工大学	81	118
河北师范大学	81	118
外交学院	81	118
河海大学	79	121
吉首大学	79	121
江西理工大学	78	123
大连理工大学	77	124
中南民族大学	77	124
西安交通大学	76	126
浙江工业大学	75	127
河南师范大学	74	128
西南民族大学	74	128
中国刑事警察学院	73	130
南京财经大学	71	131

学校名称	2019 年知网论文总数	排名
北京外国语大学	69	132
华东交通大学	68	133
云南财经大学	68	133
青海民族大学	65	135
重庆邮电大学	64	136
东北大学	64	136
常州大学	62	138
四川师范大学	62	138
长春工业大学	62	138
西南交通大学	61	141
北京化工大学	60	142
湖南工业大学	60	142
华南师范大学	59	144
安徽师范大学	59	144
宁夏大学	59	144
贵州师范大学	58	147
江南大学	58	147
南京理工大学	57	149
杭州师范大学	56	150
北京工商大学	54	151
西北师范大学	54	151
湖北大学	53	153
华北电力大学	52	154
浙江财经大学	52	154
陕西师范大学	51	156
中南林业科技大学	51	156

续表

学校名称	2019 年知网论文总数	排名
东北财经大学	51	158
南京航空航天大学	50	159
华东理工大学	49	160
北京邮电大学	49	160
武汉理工大学	49	160
北京林业大学	48	163
兰州财经大学	48	163
西北工业大学	48	163
中国民航大学	47	166
天津财经大学	47	166
天津工业大学	46	168
中国科学院大学	45	169
浙江师范大学	45	169
首都师范大学	44	171
浙江农林大学	44	172
南京审计大学	42	173
哈尔滨工业大学	37	174
燕山大学	34	175
中国农业大学	33	176
西北农林科技大学	33	176
哈尔滨工程大学	32	178
新疆财经大学	31	179
云南民族大学	31	179
淮北师范大学	30	181
华中农业大学	29	182
南京农业大学	29	182

学校名称	2019 年知网论文总数	排名
山东财经大学	29	184
中国石油大学	28	185
北京科技大学	27	186
中国科学技术大学	26	187
中华女子学院	21	188
新疆师范大学	21	188
吉林师范大学	20	190
长安大学	17	191
西安建筑科技大学	17	191
太原科技大学	12	193
塔里木大学	7	194
中国青年政治学院	6	195
海军大连舰艇学院	5	196
西安财经学院	5	196
中国人民武装警察部队学院	1	198
中央司法警察学院	1	198
西安政治学院	0	200
南京政治学院	0	200
石家庄经济学院	0	200
中国计量学院	0	200

十五、科学研究－人均知网数

一级指标：科学研究。

二级指标：人均知网数。

指标说明：人均知网数＝2019 年知网论文总数/教师总数（以中国

知网统计为标准)。

人均知网数与学校排名呈正相关趋势。人均知网数越高，则学校教师学术科研水平越高，学校科研能力越强，故排名越高。

学校名称	教师总数	2019 年知网论文总数	人均知网数	排名
华东政法大学	183	2447	13.37	1
黑龙江大学	60	668	11.13	2
吉林大学	95	829	8.73	3
华中师范大学	37	308	8.32	4
安徽大学	64	512	8	5
兰州大学	45	344	7.64	6
河北经贸大学	52	395	7.60	7
上海师范大学	41	299	7.29	8
广西大学	35	254	7.26	9
浙江大学	61	431	7.07	10
武汉大学	116	818	7.05	11
山东大学	82	577	7.04	12
苏州大学	63	440	6.98	13
北京大学	77	536	6.96	14
东南大学	54	371	6.87	15
清华大学	58	387	6.67	16
南京师范大学	69	453	6.57	17
中国人民公安大学	64	415	6.48	18
中国矿业大学	15	96	6.40	19
中国人民大学	130	807	6.21	20
郑州大学	75	461	6.15	21
南昌大学	50	286	5.72	22
西北大学	52	293	5.63	23

学校名称	教师总数	2019 年知网论文总数	人均知网数	排名
辽宁师范大学	30	158	5.27	24
江西财经大学	64	329	5.14	25
大连理工大学	15	77	5.13	26
华中科技大学	58	297	5.12	27
陕西师范大学	10	51	5.10	28
北京师范大学	90	445	4.94	29
辽宁大学	55	270	4.91	30
华南理工大学	59	287	4.86	31
天津师范大学	40	194	4.85	32
沈阳师范大学	53	254	4.79	33
四川大学	67	306	4.57	34
南开大学	58	264	4.55	35
南京大学	68	303	4.46	36
湘潭大学	70	311	4.44	37
大连海事大学	69	305	4.42	38
华侨大学	47	207	4.40	39
中央财经大学	63	277	4.40	39
吉林财经大学	46	200	4.35	41
海南大学	61	256	4.20	42
烟台大学	51	214	4.20	42
湖南师范大学	86	360	4.19	44
广西民族大学	37	154	4.16	45
中国地质大学	20	82	4.10	46
北京邮电大学	12	49	4.08	47
中国刑事警察学院	18	73	4.06	48
广西师范大学	46	186	4.04	49

续表

学校名称	教师总数	2019年知网论文总数	人均知网数	排名
西南政法大学	287	1154	4.02	50
北方工业大学	24	96	4	51
长春理工大学	39	156	4	51
贵州民族大学	64	253	3.95	53
扬州大学	43	165	3.84	54
对外经济贸易大学	54	206	3.81	55
华东交通大学	18	68	3.78	56
复旦大学	58	219	3.78	56
中国科学院大学	12	45	3.75	58
外交学院	22	81	3.68	59
上海交通大学	69	249	3.61	60
安徽财经大学	54	194	3.59	61
延边大学	31	111	3.58	62
贵州大学	51	181	3.55	63
广东外语外贸大学	68	235	3.46	64
长春工业大学	18	62	3.44	65
北京林业大学	14	48	3.43	66
中南大学	54	185	3.43	66
江西理工大学	23	78	3.39	68
吉首大学	24	79	3.29	69
四川省社会科学院	26	85	3.27	70
中山大学	55	179	3.25	71
上海政法学院	57	183	3.21	72
山西大学	56	179	3.20	73
新疆大学	53	166	3.13	74
内蒙古大学	49	153	3.12	75

续表

学校名称	教师总数	2019 年知网论文总数	人均知网数	排名
同济大学	39	121	3.10	76
沈阳工业大学	44	136	3.09	77
华东师范大学	41	126	3.07	78
中国政法大学	467	1421	3.04	79
厦门大学	81	245	3.02	80
上海大学	49	147	3	81
河北大学	93	274	2.95	82
中国民航大学	16	47	2.94	83
广州大学	65	189	2.91	84
重庆大学	67	194	2.90	85
西北民族大学	32	91	2.84	86
河南大学	62	176	2.84	86
江西师范大学	32	90	2.81	88
中南财经政法大学	210	587	2.80	89
哈尔滨商业大学	38	106	2.79	90
山东师范大学	41	114	2.78	91
云南大学	88	243	2.76	92
北京外国语大学	25	69	2.76	92
西南科技大学	54	143	2.65	94
北京交通大学	32	84	2.63	95
青岛大学	64	167	2.61	96
上海社会科学院	39	99	2.54	97
中国海洋大学	48	118	2.46	98
青海民族大学	27	65	2.41	99
宁波大学	89	212	2.38	100
天津大学	56	132	2.36	101

学校名称	教师总数	2019 年知网论文总数	人均知网数	排名
昆明理工大学	62	146	2.35	102
中央民族大学	52	122	2.35	102
山东科技大学	36	82	2.28	104
浙江师范大学	20	45	2.25	105
西北政法大学	291	647	2.22	106
湖南工业大学	27	60	2.22	106
西南大学	54	120	2.22	106
中国农业大学	15	33	2.20	109
首都师范大学	20	44	2.20	110
哈尔滨工业大学	17	37	2.18	111
首都经济贸易大学	40	87	2.18	111
南京航空航天大学	23	50	2.17	113
华北电力大学	24	52	2.17	113
上海财经大学	52	111	2.13	115
北京航空航天大学	60	128	2.13	115
天津商业大学	49	104	2.12	117
南京农业大学	14	29	2.07	118
福建师范大学	53	109	2.06	119
河海大学	40	79	1.98	120
江南大学	30	58	1.93	121
河南财经政法大学	80	153	1.91	122
西南财经大学	62	118	1.90	123
云南财经大学	36	68	1.89	124
重庆邮电大学	34	64	1.88	125
福州大学	56	105	1.88	125
西北师范大学	29	54	1.86	127

学校名称	教师总数	2019 年知网论文总数	人均知网数	排名
西北农林科技大学	18	33	1.83	128
甘肃政法学院	195	351	1.80	129
南京理工大学	32	57	1.78	130
南京工业大学	50	89	1.78	130
河南师范大学	42	74	1.76	132
中南林业科技大学	29	51	1.76	132
暨南大学	52	88	1.69	134
山西财经大学	70	118	1.69	134
湖北大学	32	53	1.66	136
北京理工大学	49	81	1.65	137
华东理工大学	30	49	1.63	138
上海对外经贸大学	59	95	1.61	139
上海海事大学	57	89	1.56	140
中国石油大学	18	28	1.56	140
常州大学	40	62	1.55	142
华中农业大学	19	29	1.53	143
西南交通大学	40	61	1.53	143
哈尔滨工程大学	21	32	1.52	145
西安交通大学	50	76	1.52	145
北京工商大学	36	54	1.50	147
湖南大学	70	101	1.44	148
贵州师范大学	42	58	1.38	149
东北林业大学	66	91	1.38	149
浙江农林大学	32	44	1.38	149
燕山大学	25	34	1.36	152
北京科技大学	20	27	1.35	153

续表

学校名称	教师总数	2019 年知网论文总数	人均知网数	排名
华南师范大学	44	59	1.34	154
中南民族大学	58	77	1.33	155
深圳大学	87	114	1.31	156
东北师范大学	64	83	1.30	157
东北财经大学	40	51	1.28	158
天津工业大学	37	46	1.24	159
四川师范大学	50	62	1.24	159
天津财经大学	38	47	1.24	159
河北师范大学	66	81	1.23	162
武汉理工大学	40	49	1.23	162
南京财经大学	59	71	1.20	164
北京化工大学	50	60	1.20	164
浙江工商大学	83	97	1.17	166
中华女子学院	18	21	1.17	166
浙江工业大学	65	75	1.15	168
杭州师范大学	49	56	1.14	169
西南民族大学	65	74	1.14	169
长安大学	15	17	1.13	171
广东财经大学	82	84	1.02	172
安徽师范大学	61	59	0.97	173
东北大学	67	64	0.96	174
云南民族大学	33	31	0.94	175
浙江财经大学	57	52	0.91	176
南京审计大学	50	42	0.84	177
宁夏大学	73	59	0.81	178
中国科学技术大学	33	26	0.79	179

学校名称	教师总数	2019 年知网论文总数	人均知网数	排名
兰州财经大学	61	48	0.79	180
新疆财经大学	41	31	0.76	181
山东政法学院	190	94	0.49	182
吉林师范大学	43	20	0.47	183
新疆师范大学	49	21	0.43	184
淮北师范大学	80	30	0.38	185
山东财经大学	81	29	0.36	186
太原科技大学	37	12	0.32	187
西安建筑科技大学	56	17	0.30	188
西安财经学院	32	5	0.16	189
中国青年政治学院	45	6	0.13	190
中国社会科学院大学	−	92	−	191
西安政治学院	−	0	−	191
中共中央党校	−	132	−	191
西北工业大学	−	48	−	191
中国人民武装警察部队学院	−	1	−	191
电子科技大学	−	87	−	191
南京政治学院	−	0	−	191
海军大连舰艇学院	−	5	−	191
中央司法警察学院	−	1	−	191
塔里木大学	−	7	−	191
国防大学	−	122	−	191
石家庄经济学院	24	0	0	191
中国计量学院	48	0	0	191

第三编

名校概览

一、中国政法大学

中国政法大学（China University of Political Science and Law），诞生于 1952 年，位于北京市，是中华人民共和国教育部直属的一所以法学为特色和优势，文学、史学、哲学、经济学、管理学、教育学等多学科协调发展的全国重点大学。系国家"211 工程""985 工程优势学科创新平台"项目重点建设，国家首批"双一流"世界一流学科建设高校，被列入首批"2011 计划""111 计划""卓越法律人才教育培养计划"，被誉为"政法人才的摇篮"。

中国政法大学前身是院系调整时期由北京大学法律系、政治学系，清华大学政治学系，燕京大学法律系、政治学系和辅仁大学社会学系等系科合并组建的北京政法学院。1960 年被国务院确立为全国重点高校。1965 年，由最高人民法院直接领导。"文化大革命"期间停办。1978 年复办并面向全国恢复招生。1983 年，在中央的直接推动下，更名为"中国政法大学"。

学校坚持以学生为中心的设置，坚持课程改革与学科创新、课堂教学与导师辅导、学术研究与实践培养相结合，将学校的中心放置于人才培养环节，加之以科研、就业为辅助的人才培养模式，意在为我国法学领域培养"德法兼修"的法科人才。

在本次评估之中，通过从官方网站和官方发布的报告获取收集数据，并对中国政法大学进行指标评估体系相关分数的计算，得到结果如下表所示：

生师比	12.22	生师比分数	89.66
专任教师数	467	专任教师数分数	100
高级职称比	0.87	高级职称比分数	95.07
课程开设数	151	课程开设分数	100
总分师比	0.35	总分师比分数	50
总课师比	0.32	总课师比分数	95.13
课程结构	0.13	课程结构分数	74.81
稳定度	1.11	稳定度分数	83.13
总课生比	0.03	总课生比分数	65.48
人均C刊数	1.15	人均C刊分数	84.72
人均知网数	3.04	人均知网分数	90.91
就业率	99.22%	就业率分数	99.22
深造总人数	940	深造人数分数	100
2019年知网论文总数	1421	2019年知网论文总数分数	95
2019年C刊论文总数	536	2019年C刊论文总数分数	100
最终得分	100	星级	★★★★★

其一，中国政法大学的优势主要在于师源（根据"专任教师分数"显示）和培养学生的质量（根据"就业率分数"和"深造人数分数"显示），中国政法大学的专任教师数量为各大高校最多，高级职称比也达到了0.87，教学质量在专任教师数量与质量的保证下能够得到可靠提升。其二，从我国法学教育相关院校课程结构的大体情况来看，各大高校的课程体系设置情况普遍分数较低，中国政法大学处于偏上水平。其三，从中国政法大学的毕业生趋向来看，就业率高达99.22%，外出深造的学生人数也处于各大高校之上。其四，从学术结果方面来说，中国政法大学2014~2019年间知网发表的论文数将近10 000篇，为我国的法律事业做出了巨大的学术贡献，中国政法大学也成为"中国法学人才智库"。

中国政法大学作为中国法学教育的最高学府，学校现有法学院、民商经济法学院、国际法学院、刑事司法学院、政治与公共管理学院、商学院、人文学院、外国语学院、马克思主义学院、社会学院、光明新闻传播学院、中欧法学院、法律硕士学院、国际儒学院、国际教育学院/港澳台教育中心、继续教育学院/网络教育学院、科学技术教学部/法治信息管理学院、体育教学部共 18 个教学单位；设有诉讼法学研究院（教育部人文社会科学重点研究基地）、法律史学研究院（教育部人文社会科学重点研究基地）、证据科学研究院（教育部重点实验室）、法治政府研究院（北京市哲学社会科学研究基地、教育部青少年法制教育研究基地）、人权研究院（国家人权教育与培训基地）、比较法学研究院、法律古籍整理研究所、法学教育研究与评估中心/高等教育研究所、法与经济学研究院、全球化与全球问题研究所、公司法与投资保护研究所等 11 个在编科研机构；设有资本金融研究院、仲裁研究院、互联网金融法律研究院、绿色发展战略研究院、制度学研究院 5 个新型研究机构；设有司法文明协同创新中心、国家领土主权与海洋权益协同创新中心、马克思主义与全面依法治国协同创新中心、全球治理与国际法治协同创新中心、知识经济与法治发展协同创新中心、人权建设协同创新中心、法治政府协同创新中心 7 个协同创新中心。由此可见，中国政法大学法学教育资源丰富，教育体系较为健全，能够给予广大学生知识创造与再造的广大空间，也为中国法学教育的发展方向提供了最佳示范。

二、中国人民大学

中国人民大学（Renmin University of China），简称人大，位列"双一流""211 工程""985 工程"，入选"111 计划""2011 计划""卓越法律人才教育培养计划""卓越农林人才教育培养计划""海外高层次人才引进计划""中国政府奖学金来华留学生接收院校"，为世界大学联盟成员、亚太国际教育协会创始成员，是一所以人文社会科学为主的综合性研究型全国重点大学。

中国人民大学前身是 1937 年成立的陕北公学，以及后来的华北联合大学和华北大学。1950 年 10 月 3 日，以华北大学为基础合并组建的中国人民大学正式开学。中国人民大学法律系成立于 1950 年，是新中国诞生后创立的第一所正规的高等法学教育机构，被誉为中国法学教育的"工作母机"和"法学家的摇篮",成为引领法学教育的重镇、凝聚国内优秀法律人才的平台和沟通中外法学交流的窗口。

学校坚持采取"宽口径、厚基础、多选择、重创新、国际性"的人才培养模式,课程结构设置丰富合理,兼顾通识教育与专业教育,注重培养学生创新意识,促进国际学术交流。60多年来,人大法学院为社会主义法治建设培养了大批优秀的法律人才,并为法学事业的振兴和繁荣做出了重大贡献。

在本次评估之中,通过从官方网站和官方发布的报告获取收集数据,并对中国人民大学进行指标评估体系相关分数的计算,得到结果如下表所示:

生师比	11.25	生师比分数	80.70
专任教师数	130	专任教师数分数	86.24
高级职称比	0.90	高级职称比分数	90.21
课程开设数	79	课程开设分数	90
总分师比	1.21	总分师比分数	55.61
总课师比	0.61	总课师比分数	89.01
课程结构	0.08	课程结构分数	71.97
稳定度	0.989	稳定度分数	96.34
总课生比	0.05	总课生比分数	68.81
人均C刊数	2.78	人均C刊分数	96.18
人均知网数	6.21	人均知网分数	93.70
就业率	80.56%	就业率分数	90
深造总人数	75	深造人数分数	58.68
2019年知网论文总数	807	2019年知网论文总数分数	76.58
2019年C刊论文总数	362	2019年C刊论文总数分数	84.34
最终得分	99.66	星级	★★★★★

其一,中国人民大学法学院的"高级职称比"为0.90,足见其专任教师质量之高,这就为教育发展与科研进步提供了可靠的保证。其

二，从长期发展来看，人大法学院的"稳定度分数"较高，拥有较为稳定的综合实力。其三，从学术成就来看，人大法学院的人均 C 刊数达到 2.78，在学术研究方面具有明显的成果累积优势。

中国人民大学现有 26 个教学单位（23 个学院、3 个研究院）、25 个跨学院研究机构，另设有体育部、继续教育学院、培训学院、苏州校区、深圳研究院等。学校设有学士学位 82 个，硕士学位学科点 191 个（其中自主专业 35 个、交叉学科 9 个、专业学位 22 个），博士学位学科点 136 个（其中自主专业 32 个、交叉学科 7 个）。学校拥有硕士学位一级学科授权点 37 个，博士学位一级学科授权点 22 个，博士后流动站 21 个。

学校拥有 8 个国家重点一级学科，8 个国家重点二级学科，在人文社会科学领域均居全国第一；拥有 5 个北京市重点一级学科，1 个北京市重点交叉学科，4 个北京市重点二级学科；拥有 13 个教育部普通高等学校人文社会科学重点研究基地；拥有 5 个国家基础学科人才培养和科学研究基地、1 个大学生文化素质教育基地；拥有 3 个教育部工程研究中心、重点实验室，4 个国家级实验教学示范中心，2 个北京市重点实验室，3 个北京市哲学社会科学研究基地。

由此可见，中国人民大学的法学综合实力突出，人才培养体系完整健全，为广大法科学子提供了一个良好的高等教育平台，也为中国法学教育的发展方向提供了参考的范本。

三、北京大学

北京大学（Peking University），简称北大，是中国近代第一所国立大学，其成立标志着中国近代高等教育的开端。北大开创了中国最早的文科、理科、社科、农科、医科等大学学科，是近代以来中国高等教育的奠基者。北大由教育部直属，中央直管副部级建制，是国家"双一流""211 工程""985 工程""2011 计划"重点建设的全国重点大学；是九校联盟（C9）及中国大学校长联谊会、亚洲大学联盟、东亚研究型大学协会、国际研究型大学联盟、环太平洋大学联盟、东亚四大学论坛、国际公立大学论坛、中俄综合性大学联盟重要成员。

北京大学法学院成立于 1999 年 6 月 26 日，其前身为北京大学法律学系。北京大学法律学科发轫于 1904 年，在中国现代法学教育中历史最为悠久。自改革开放以来，北京大学法学院取得了飞速发展，在人才培养、科学研究、学科建设、推进国家法治建设等方面，始终走在全国法学院校的前列。

北京大学始终本着"加强基础、淡化专业、因材施教、分流培养"的办学方针，注重培养"厚基础、宽口径"的新型法律人才，在教学和科学研究、人才培养等各方面取得了突出的成绩，为创建世界一流法学院打下了坚实的基础。

在本次评估之中，通过从官方网站和官方发布的报告获取收集数据，并对北京大学进行指标评估体系相关分数的计算，得到结果如下表所示：

生师比	20.43	生师比分数	70.89
专任教师数	77	专任教师数分数	85.40
高级职称比	0.88	高级职称比分数	92.76
课程开设数	85	课程开设分数	93.33
总分师比	1.84	总分师比分数	59.77
总课师比	1.10	总课师比分数	71.29
课程结构	0.04	课程结构分数	50
稳定度	1.08	稳定度分数	78.75
总课生比	0.05	总课生比分数	68.81
人均 C 刊数	2.95	人均 C 刊分数	97.33
人均知网数	6.96	人均知网分数	93.70
就业率	95.27%	就业率分数	90
深造总人数	95	深造人数分数	58.68
2019 年知网论文总数	536	2019 年知网论文总数分数	76.58
2019 年 C 刊论文总数	227	2019 年 C 刊论文总数分数	84.34
最终得分	99.34	星级	★★★★☆

其一，北京大学法学院在师资力量方面具有显著优势，高级职称比达到了 0.88，高质量的师资队伍为法学教育和学术科研工作的开展奠定了坚实的基础。其二，从学术成果来看，2019 年北大法学院的人均 C 刊数

达到 2.95 篇、C 刊总数量达到 362 篇，学术成就显著，科研贡献巨大。

北京大学法学院拥有刑法学、经济法学、法理学、宪法学与行政法学四个国家重点学科，同时，北京大学作为拥有国家法学一级重点学科的 3 所院校之一，法学院在国际法学、民商法学、诉讼法、知识产权法学等所有学科都有很强的教学和科研实力。北京大学法学院还设有经济法研究所、国际法研究所、国际经济法研究所、劳动法与社会保障法研究所、刑事法理论研究所、世界贸易组织法律研究中心、公法研究中心、税法研究中心、金融法研究中心、人权研究中心、法制信息中心等二十多个研究机构。这些研究机构每年组织许多专业的学术活动，并为研究生提供许多学术交流和研讨的机会，对法学院整体学术氛围的营造起到良好的作用。由此可见，作为我国高等教育的最高学府，北京大学具备培养优秀法科人才、建设世界一流法学学科的综合实力，能够为中国的法学教育事业提供助力与参考。

四、清华大学

清华大学（Tsinghua University），简称清华，由中华人民共和国教育部直属，中央直管副部级建制，位列"211 工程""985 工程""世界一流大学和一流学科"，入选"基础学科拔尖学生培养试验计划""高等学校创新能力提升计划""高等学校学科创新引智计划"，为九校联盟、中国大学校长联谊会、东亚研究型大学协会、亚洲大学联盟、环太平洋大学联盟、清华—剑桥—MIT 低碳大学联盟成员，被誉为"红色工程师的摇篮"。

清华大学的前身清华学堂始建于 1911 年，1912 年更名为清华学校。1928 年更名为国立清华大学。1929 年，国立清华大学本科设文、理、法三学院，其中法学院包括法律学系、政治学系、经济学系。1932年，经教育部批准，法学院正式成立法律学系。1937 年南迁长沙，与北京大学、南开大学组建国立长沙临时大学，1938 年迁至昆明改名为国立西南联合大学。1946 年迁回清华园。1949 年中华人民共和国成立，清华大学进入了新的发展阶段。1952 年全国高等学校院系调整后成为多科性工业大学。1978 年以来逐步恢复和发展为综合性的研究型大学。

清华大学法学院高度重视人才培养，强调学术研究与教学并重，理论与实践相结合。法学学科作为清华大学重点建设、优先发展的学科之一，具有较高的学术水平和较强的科研实力，在国内法学学科中名列前茅。

在本次评估之中，通过从官方网站和官方发布的报告获取收集数据，并对清华大学进行指标评估体系相关分数的计算，得到结果如下表所示：

生师比	10.38	生师比分数	81.62
专任教师数	58	专任教师数分数	81.60
高级职称比	0.98	高级职称比分数	95.55
课程开设数	80	课程开设分数	92.67
总分师比	2.71	总分师比分数	71.03
总课师比	1.38	总课师比分数	61.45
课程结构	0.08	课程结构分数	71.85
稳定度	1.047	稳定度分数	86.59
总课生比	0.13	总课生比分数	84.58
人均 C 刊数	3.33	人均 C 刊分数	100
人均知网数	6.67	人均知网分数	94.11
就业率	100%	就业率分数	100
深造总人数	40	深造人数分数	55.88
2019 年知网论文总数	387	2019 年知网论文总数分数	63.98
2019 年 C 刊论文总数	193	2019 年 C 刊论文总数分数	69.13
最终得分	98.18	星级	★★★★☆

其一，清华大学法学院的优势在于其较为强大的师资队伍，其生师比高达 10.38，能够为学生提供充足的师源。其二，清华大学法学院的课程开设数远高于一般法学院，具有合理而丰富的课程设置，能够为学生提供广泛的学习选择。其三，从就业率来看，清华大学法学院为我国法治事业输送了大量专业人才，就业率高达 100.00%。其四，从论文发表情况来看，清华大学法学院的"人均 C 刊分数"达到了 100，高于一般法学院，足见其在人才培养方面的深度与专业性。

清华大学法学院拥有高质量的本科学士学位教育，并且是一级学科

（法学）博士学位、硕士学位（法学理论、民商法学、国际法学、经济法学、诉讼法学、刑法学、宪法学与行政法学、环境与资源保护法学）授予单位，面向全国招收本科生、硕士研究生和博士研究生。本科教育，按通才培养理念，只设法学专业。研究生教育，设有法学一级学科所涵盖的除军事法学外的所有专业，并设有法律硕士项目和面向外国留学生的"中国法"硕士项目。由此可见，清华大学法学院具有较为强大的法学学科实力，在众多法学院中脱引而出，成为中国法学教育和研究的重镇之一和重要的法学教育国际交流中心，能够为我国法学教育事业的发展提供助力。

五、华东政法大学

华东政法大学（East China University of Political Science and Law），简称华政，为新中国创办的第一批高等政法院校，入选国家建设高水平大学公派研究生项目和全国首批卓越法律人才教育培养计划，是中国政府奖学金来华留学生接收院校、全国毕业生就业典型经验高校、全国首批法律硕士专业学位授予权单位、五院四系成员、亚洲法律学会创始成员、中日人文交流大学联盟创始成员；是以法学学科为主，兼有经济学、管理学、文学、工学等学科的司法部与上海市共建重点大学，被誉为"法学教育的东方明珠"。

华东政法大学前身是华东政法学院，1952 年 6 月由原圣约翰大学、复旦大学、南京大学、东吴大学、厦门大学、沪江大学、安徽大学、上海学院、震旦大学等 9 所院校的法律系、政治系和社会学系在圣约翰大学旧址合并组建成立；学校于 1958 年并入上海社会科学院；1963 年再次筹建，次年招生；1966 年停止招生，1972 年被撤销；1979 年 3 月，经国务院批准，学校第二次复校；2007 年 3 月，经教育部批准，学校更名为华东政法大学。

华东政法大学坚持"开门办学、开放办学、创新办学"的发展理念，深化"教学立校、学术兴校、人才强校"的发展模式，构建"法科一流、多科融合"的发展格局，实施"两基地（高端法律及法学相关学科人才培养基地、法学及相关学科的科学研究基地）、两中心（中外法律文献中心、中国法治战略研究中心）、一平台（互联网＋法律大数据平台）"发展路径，完善改革举措，推进协同创新，坚持依法治校，强化内涵发展，逐步建成一所国际知名、国内领先，法科一流、多科融合，特色鲜明、创新发展，推动法治文明进步的高水平应用研究型大学和令人向往的高雅学府。

在本次评估之中，通过从官方网站和官方发布的报告获取收集数据，并对华东政法大学进行指标评估体系相关分数的计算，得到结果如下表所示：

生师比	29.35	生师比分数	62.20
专任教师数	183.00	专任教师数分数	92.62
高级职称比	0.69	高级职称比分数	77.75
课程开设数	61.00	课程开设分数	80.00
总分师比	0.87	总分师比分数	63.43
总课师比	0.33	总课师比分数	94.93
课程结构	0.11	课程结构分数	73.67
稳定度	1.046	稳定度分数	86.73
总课生比	0.01	总课生比分数	60.00
人均 C 刊数	1.69	人均 C 刊分数	88.55
人均知网数	13.37	人均知网分数	100.00
就业率	95.49%	就业率分数	95.49
深造总人数	504	深造人数分数	93.00
2019 年知网论文总数	2447	2019 年知网论文总数分数	100.00
2019 年 C 刊论文总数	310	2019 年 C 刊论文总数分数	79.66
最终得分	96.73	星级	★★★★☆

其一，华东政法大学在教育资源方面呈现出显著的优势，其课师比达到了 0.33，远高于一般法学院。其二，从学术成果来看，华东政法大学的人均知网数为 13.37、2019 年法学院发表的知网论文总数为 2447 篇，在学术领域取得了较大成就。其三，从毕业生的就业趋势来看，华东政法大学的就业率达到了 95.49%，为社会主义法治事业输送了大量的专业人才。

但是华东政法大学的不足之处同样十分明显，其所对应的"生师比分数""分师比分数""课程结构分数"均低于中上水平，在未来的法学教育规划中尤其要引起重视、对应予以发展强化。

华东政法大学设有 22 个学院（部），180 余个科研机构；拥有法学、公共管理一级学科博士学位授予权、硕士学位授予权，应用经济学、政治学、马克思主义理论、社会学、外国语言文学、新闻传播学一级学科硕士学位授予权，建有 46 个二级学科硕士点、6 个专业硕士学位点、24 个本科专业，以及法学博士后流动站；有 1 个国家级重点学科（法律史）、5 个省（部）级重点学科、2 个上海市一流学科、上海市高峰高原学科各 1 个。学校积极推进智库培育和建设，提升知识创新和社会服务能力，是最高人民法院自贸区司法研究基地、上海市教育立法咨询与服务研究基地，中国（上海）自贸区法治创新研究基地、法律文明演进研究基地是上海市哲学社会科学创新研究基地，华东检察研究院是与最高人民检察院检察理论研究所共建的司法智库研究机构，外国法与比较法研究院、政府体制改革与监管模式创新法治保障研究中心、经济法律战略研究院是上海市普通高校人文社会科学重点研究基地，社会治理研究院是上海市高校知识服务平台。近五年来，国家社科基金法学类项目、司法部项目立项数多次获得全国第一，国家级重大课题立项数在全国政法高校中居领先地位。由此可见，华东政法大学作为中国法学教育的"东方明珠"，在整体实力上居于中国法学院前列，具备作为法学教育高端平台的基本条件，能够为中国法学教育发展方向提供参考。

六、武汉大学

武汉大学（Wuhan University），简称武大，是一所位于湖北武汉市的中国重点综合研究型大学，是近代中国建立最早的国立大学、民国四大名校之一。武汉大学是中华人民共和国教育部直属的副部级全国重点大学，国家首批"双一流""985 工程""211 工程""2011 计划"重点建设高校，同时是"111 计划""珠峰计划""千人计划""卓越计划"等重点建设的中国顶尖名牌大学。

武汉大学法学学科源远流长，是中国著名的"五院四系"成员。武大法学学科最早可追溯到 1908 年创办的湖北法政学堂。1911 年改为湖北公立法政专门学校，1928 年改组成立国立武汉大学，法学院是其中的重要院系。当时先后云集大批著名法学家，办学声誉影响海内外。1979 年恢复法律系，1986 年成立法学院后，先后由多位著名法学家出任系主任和院长。经过 30 多年的恢复重建与发展，武大法学院已成为中国法学教育与研究的一方重镇。

武大法学院坚持以本科为本，确立教学的中心地位，不断更新教育理念，完善素质教育的培养模式。其坚持"素质教育""个性化""多维度""前沿性""交叉性"等一系列现代化教育的理念，注重培养学生的综合素质，着力打造具有国际竞争力的法律人才。

在本次评估之中，通过从官方网站和官方发布的报告获取收集数据，并对武汉大学进行指标评估体系相关分数的计算，得到结果如下表所示：

生师比	10.51	生师比分数	81.49
专任教师总数	116.00	专任教师数分数	90.87
高级职称比	0.83	高级职称比分数	89.91
课程开设数	81.00	课程开设分数	91.11
总分师比	1.21	总分师比分数	55.60
总课师比	0.70	总课师比分数	85.78
课程结构	0.09	课程结构分数	72.12
稳定度	1.431	稳定度分数	63.42
总课生比	0.07	总课生比分数	71.29
人均 C 刊数	3.01	人均 C 刊分数	97.75
人均知网数	7.05	人均知网分数	94.44
就业率	64.91%	就业率分数	64.91
深造总人数	–	深造人数分数	50.00 *
2019 年知网论文总数	818	2019 年知网论文总数分数	76.91
2019 年 C 刊论文总数	349	2019 年 C 刊论文总数分数	83.17
最终得分	94.62	星级	★★★★☆

---

* 此处缺乏数据，为便统计，本编数据缺乏处赋分 50.00。

其一，武汉大学法学院的优势表现在其高质量的师资队伍，具体表现为其高级职称比高达 0.83，远高于一般法学院。其二，从学术成果来看，武汉大学法学院的人均 C 刊数达到了 3.01、2019 年 C 刊总数共计 349 篇，在学术研究领域成果显著。

武汉大学法学院经过 80 多年的发展，现已成为中国法学教育与研究的重点基地之一，办学规模不断壮大，办学效益日益提高，教学质量与学术地位持续上升。法学院于 2003 年获批国家首批法学一级学科博士学位授权点，拥有 11 个硕士点、6 个博士点，1 个博士后流动站，2 个国家级重点学科、3 个省级重点学科、1 个国家"211 工程"重点建设学科、2 个教育部人文社会科学重点研究基地。现有 2 个研究所（国际法研究所、环境法研究所），6 个科研机构（比较宪法研究中心、刑事法比较研究中心、国家安全研究所、经济法研究所、税法研究所、网络经济与法律研究中心）；另有社会弱者权利保护中心、法学图书馆（含联合国文献资料中心）、《法学评论》杂志社、《中国国际私法与比较法年刊》编辑部、继续教育与高级培训中心，以及武汉大学文科重点实验室——刑侦实验室。由此可见，武汉大学具备法学教育优势平台的基本条件，能够满足法学教育的实际需要，为广大法科学子提供了深度专业学习的机会，其发展经验能够为中国法学教育事业的进步与发展提供必要的指导。

七、西南政法大学

西南政法大学（Southwest University of Political Science and Law），简称西政，位于中国直辖市重庆，由中华人民共和国教育部与重庆市人民政府共建，是新中国最早建立的政法类高等学府，改革开放后首批全国重点大学，全国首批卓越法律人才教育培养计划基地，被誉为新中国法学教育的"西南联大"。

学校前身为 1950 年创建的西南人民革命大学。1953 年，以西南人民革命大学政法系为基础，合并当时的重庆大学法学院、四川大学政法学院、重庆财经学院法律系、贵州大学法律系、云南大学法律系，正式成立西南政法学院。1958 年，中央公安学院重庆分院并入学校。1995 年更名为西南政法大学。

学校坚持"教学立校、人才兴校、科研强校、依法治校"的办学理念，已形成以法学为主，经济学、文学、管理学、哲学、工学等多学科协调发展的教学模式，建立了从本科到硕士、博士研究生教育以及继续教育、留学生教育等多层次、多类型的人才培养格局，力图为法治昌明培养优秀的法科人才。

在本次评估之中，通过从官方网站和官方发布的报告获取收集数据，并对西南政法大学进行指标评估体系相关分数的计算，得到结果如下表所示：

生师比	35.02	生师比分数	69.42
专任教师数	287.00	专任教师数分数	95.32
高级职称比	0.64	高级职称比分数	74.44
课程开设数	68.00	课程开设分数	83.89
总分师比	0.56	总分师比分数	51.40
总课师比	0.24	总课师比分数	96.86
课程结构	0.16	课程结构分数	76.43
稳定度	0.999	稳定度分数	100.00
总课生比	0.01	总课生比分数	60.00
人均C刊数	1.25	人均C刊分数	85.47
人均知网数	4.02	人均知网分数	91.77
就业率	92.12%	就业率分数	92.12
深造总人数	-	深造人数分数	50.00
2019年知网论文总数	1154	2019年知网论文总数分数	86.99
2019年C刊论文总数	360	2019年C刊论文总数分数	84.16
最终得分	93.54	星级	★★★★☆

其一，西南政法大学在师资力量方面具有较为显著的优势，其专任教师总数达到287位，课师比为0.24，大量的专任教师构建起一支专业的教学队伍，为学生提供了丰富的教学资源。其二，从毕业生的就业趋向来看，西南政法大学的就业率为92.12%，这种高度的就业化为中国的法治建设输送了大量的优秀人才。其三，从学术成果来看，2019年西南政法大学法学的知网论文总数为1154篇，远高于其他一般法学院，在学术研究领域做出了突出贡献，学术实力十分雄厚。

西南政法大学现设有民商法学院（知识产权学院）、经济法学院、法学院、行政法学院、刑事侦查学院、国际法学院、商学院、经济学院、外语学院、新闻传播学院、政治与公共管理学院、马克思主义学院、应用法学院（中国仲裁学院）13个学院，并设置国际教育学院统筹管理来华留学生工作、学校中外合作办学项目，设置创新创业学院统筹管理全校的创新创业教育工作。学校具有招收保送生、高水平运动员、内地西藏班、内地新疆班、港澳台侨联合招生、香港免试生、澳门保送生及自主招生资格。学校现有2个一级学科博士学位授权点、18个二级学科博士学位授权点、8个一级学科硕士学位授权点、44个二级学科硕士学位授权点和8个硕士专业学位授权点，1个法学博士后科研流动站、3个重庆市特色学科专业群建设项目，是全国首批法学一级学科博士学位授权单位和全国首批法律硕士专业学位授权单位。学校现有经济法学科和诉讼法学科2个国家重点学科，法学、哲学、应用经济学、政治学、马克思主义理论、公安学、新闻传播学、工商管理及公共管理等9个省部级重点学科。由此可见，西南政法大学作为老牌法科强校，教育资源丰富多样，教学模式健全合理，能够为学生提供深入学习法律知识的广阔平台，对中国法学教育的发展规划具有一定的参考价值。

八、对外经济贸易大学

对外经济贸易大学（University of International Business and Economics）位于首都北京市，是教育部直属的一所拥有经济学、管理学、法学、文学、理学五大学科门类，以国际经济与贸易、法学（国际经济法）、金融学、工商管理、外语（商务外语）等优势专业为特色的多科性财经外语类全国重点大学。对外经济贸易大学位列国家"211工程"重点建设高校、国家首批"双一流"世界一流学科建设高校，同时入选"2011计划""卓越法律人才教育培养计划""国家建设高水平大学公派研究生项目""教育部人文社会科学重点研究基地"，是5所"教育部教育战略与规划研究中心"高校之一、15所全国重点外语类高校之一，及"联合国贸易和发展会议虚拟学院"首所中国成员高校。

对外经济贸易大学始于1951年创建的贸易部高级商业干部学校，1954年合并组建为北京对外贸易学院。1984年，学校正式更名为对外经济贸易大学。2000年6月，与原中国金融学院合并为新的对外经济贸易大学。法学专业是对外经济贸易大学的传统优势学科。早在 1978 年，对外经济贸易大学的对外贸易系即有国际商法教研室，并招收国际贸易法硕士。1984 年成立了对外经济贸易大学国际经济法系，1996 年成立法学院。历经 40 年的发展，对外经济贸易大学法学院目前已经成为学科体系设置相对完整、国际法专业特色鲜明、学术和教学水平比肩一流的知名法学院。

对外经济贸易大学法学院坚持服务于中国对外经贸大业的战略定位，确立了清晰的发展目标和鲜明的国际经贸法学科建设特色，并以此带动整个学院的科学研究、人才培养、社会服务和文化传承。

在本次评估之中，通过从官方网站和官方发布的报告获取收集数据，并对对外经济贸易大学进行指标评估体系相关分数的计算，得到结果如下表所示：

生师比	11.70	生师比分数	80.21
专任教师数	54.00	专任教师数分数	80.80
高级职称比	0.70	高级职称比分数	77.81
课程开设数	70.00	课程开设分数	85.00
总分师比	3.20	总分师比分数	73.13
总课师比	1.30	总课师比分数	73.29
课程结构	0.19	课程结构分数	78.59
稳定度	1.348	稳定度分数	66.27
总课生比	0.11	总课生比分数	80.15
人均 C 刊数	1.59	人均 C 刊分数	87.84
人均知网数	3.81	人均知网分数	91.59
就业率	96.63%	就业率分数	96.63
深造总人数	51	深造人数分数	56.76
2019 年知网论文总数	206	2019 年知网论文总数分数	58.55
2019 年 C 刊论文总数	86	2019 年 C 刊论文总数分数	59.50
最终得分	93.54	星级	★★★★

其一，对外经济贸易大学在师资力量方面较一般法学院具有较为突

出的优势，具体表现为其高级职称比达到 0.70、2019 年人均知网论文高达 3.81 篇，这也就意味着其拥有一支高素质高质量的强大师资队伍。其二，从毕业生的就业趋向来看，对外经济贸易大学为我国法治事业源源不断地输送了大量专业人才，具体表现为其就业率高达 96.63%，在人才转化方面显现出巨大的优势。此外，对外经济贸易大学其他多个方面的评估分数也大致达到了中上水平。

对外经济贸易大学法学院设有完整的本科、硕士、博士课程体系，是全国首批获得国际经济法专业博士学位授予权的四所院校之一，曾获评教育部"国际化法学人才特色专业建设点"及教育部"全国双语教学示范点"，是中国重要的"应用型、复合型法律职业人才教育培养基地"和"涉外法律人才教育培养基地"。贸大法学院始终重视培养学生的创新能力、实践能力和敬业精神，除课堂教学外，采取各种措施不断拓展实习基地，并为学生尽可能创造良好的实习机会。贸大法学院还设立了"国际化特色人才实验班"，作为建设涉外法律人才培养基地的重要举措。贸大法学院重视国际化工作，长期以来同多所世界知名法学院保持着稳定的交流关系，重视留学生教育，并设立了"中国法与国际法"的全英文硕士和博士项目。由此可见，对外经济贸易大学作为中国法学教育尤其是国际化方向法学教育的重要平台，具备丰富的教育资源和多元开放的课程体系，为我国法学教育事业尤其是国际化法律人才的培养提供了可供借鉴的范本。

九、南京大学

南京大学（Nanjing University），简称南大，是教育部直属、中央直管副部级建制的全国重点大学，国家首批"双一流""211 工程""985 工程"高校，首批"珠峰计划""111 计划""2011 计划""卓越计划"实施高校，也是九校联盟、中国大学校长联谊会、环太平洋大学联盟、21 世纪学术联盟和东亚研究型大学协会成员。

南京大学是中国第一所集教学和研究于一体的现代大学，其学脉可追溯自孙吴永安元年（258 年）的南京太学，近代校史肇始于 1902 年筹办的三江师范学堂，先后历经多次变迁。1920 年在中国国立高等学府中首开"女禁"，引领男女同校之风。最早在中国开展现代学术研究，建立中国最早的现代科学研究实验室，成为中国最早的以大学自治、学术自由、文理为基本兼有农工商等专门应用科、集教学和研究于一体为特征的现代大学。《学衡》月刊的创办，使得南京大学成为中西学术文化交流的中心，被誉为"东方教育的中心"。1949 年由民国时期中国最高学府"国立中央大学"易名"国立南京大学"，翌年径称"南京大学"，沿用至今。

南京大学法学院的前身是原中央大学法学院。原中央大学设有文学院、法学院、师范学院、理学院、工学院、农学院和医学院七大院，其中法学院下设政治学系、经济学系和法律系。1952 年全国进行大学院系调整，南京大学成为一所以文科和理科为主的大学，法学院被合并到其他院校。从此，法律院系和法学教育在南京大学一度中断。1978 年以后，国家开始重视法制建设和法学教育。1981 年南京大学恢复法律系并招生。1994 年由法律系变更为法学院。

在本次评估之中，通过从官方网站和官方发布的报告获取收集数据，并对南京大学法学院进行指标评估体系相关分数的计算，得到结果如下表所示：

生师比	9.71	生师比分数	82.34
专任教师数	68.00	专任教师数分数	83.60
高级职称比	0.78	高级职称比分数	83.09
课程开设数	107.00	课程开设数分数	93.63
总分师比	2.21	总分师比分数	75.65
总课师比	1.57	总课师比分数	62.46
课程结构	0.06	课程结构分数	70.38
稳定度	0.979	稳定度分数	93.06
总课生比	0.16	总课生比分数	88.85
人均 C 刊数	1.91	人均 C 刊分数	90.07
人均知网数	4.46	人均知网分数	92.16
就业率	97.03%	就业率分数	97.03
深造总人数	54	深造人数分数	57.00
2019 年知网论文总数	303	2019 年知网论文总数分数	61.46
2019 年 C 刊论文总数	130	2019 年 C 刊论文总数分数	63.46
最终得分	92.06	星级	★★★★

南京大学法学院的优势主要在师资力量和院系设置上，通过数据对比可以看出，南京大学法学院专任教师高级职称比为 0.87，教学质量在专任教师人数能够保障的情况下可以得到大幅度提升。同时，院系设置的稳定度达到 0.979，教学体系具体完善。在学术结果方面，南京大学法学院 2019 年发表的人均 C 刊数达到 1.91 篇，展现该校法学院深厚的学术底蕴。

法学院现设有一个法学本科专业；九个硕士专业：法学理论、法律史、宪法学与行政法学、刑法学、民商法学、诉讼法学、经济法学、环境与资源保护法学、国际法学，拥有一级学科硕士授予权；具有法律硕士培养资格和法律硕士专业学位授予权；拥有博士学位授权一级学科点；经济法学是国家重点培育学科和江苏省重点学科，法学学科为江苏省一级学科重点学科。设有法学博士后流动站。

法学院设有中德法学研究所、中国法律案例研究中心、人权法研究中心、犯罪预防与控制研究所、住宅政策与不动产法研究中心、中国经济法研究所、经济刑法研究所等七个科研机构。中德法学研究所是南京大学与德国哥廷根大学合办的国际性法学合作研究与教学实体，联合培养研究生，已取得令人瞩目的成果。

十、吉林大学

吉林大学（Jilin University），简称吉大，位于吉林省长春市，始建于 1946 年，是中华人民共和国教育部直属的综合性全国重点大学，国家"双一流""211 工程""985 工程""2011 计划"重点建设的著名学府，入选"珠峰计划""111 计划""卓越法律人才教育培养计划""卓越工程师教育培养计划""卓越医生教育培养计划""卓越农林人才教育培养计划"，是亚太国际教育协会、21 世纪学术联盟、中俄交通大学联盟的重要成员。

学校学科门类齐全，下设 52 个学院，涵盖哲学、经济学、法学、教育学、文学、历史学、理学、工学、农学、医学、管理学、军事学、艺术学等全部 12 大学科门类；有本科专业 141 个，一级学科硕士学位授权点 63 个，一级学科博士学位授权点 49 个，硕士学位授权点 291 个，博士学位授权点 244 个，博士后科研流动站 44 个；有一级学科国家重点学科 4 个（覆盖 17 个二级学科），二级学科国家重点学科 15 个，国家重点（培育）学科 4 个，一流大学与一流学科建设项目 47 个。17 个学科（领域）的 ESI 排名进入全球前 1%，其中 2 个学科排名进入全球前 1‰。

吉林大学（前身为东北人民大学）法学教育和研究始自 1948 年。改革开放以来，吉林大学法学教育和研究事业进入了快速发展时期。1988 年经原国家教委批准，吉林大学法律系改建为吉林大学法学院。经过 60 多年的发展和奋斗，吉林大学法学院已经成为我国法学教育的重镇和法律人才培养的重要基地之一，是我国著名的法学院之一。

在本次评估之中，通过从官方网站和官方发布的报告获取收集数据，并对吉林大学法学院进行指标评估体系相关分数的计算，得到结果如下表所示：

生师比	14.03	生师比分数	77.72
专任教师数	95.00	专任教师数分数	89.00
高级职称比	0.81	高级职称比分数	86.71
课程开设数	63.00	课程开设分数	81.33
总分师比	1.75	总分师比分数	59.13
总课师比	0.66	总课师比分数	87.03
课程结构	0.09	课程结构分数	64.42
稳定度	0.86	稳定度分数	76.28
总课生比	0.05	总课生比分数	62.42
人均 C 刊数	2.19	人均 C 刊分数	92.02
人均知网数	8.73	人均知网分数	95.91
就业率	88.17%	就业率分数	88.17
深造总人数	–	深造人数分数	50.00
2019 年知网论文总数	829	2019 年知网论文总数分数	77.24
2019 年 C 刊论文总数	208	2019 年 C 刊论文总数分数	70.48
最终得分	91.53	星级	★★★★

通过将各组数据与总数据中全国各高校的评估分项进行排名对比，

得出以下结论：其一，吉林大学法学院的优势主要在于师源（根据"专任教师分数"显示）和培养学生的质量（根据"就业率分数"和"深造人数分数"显示）。其二，从吉林大学法学院毕业生就业趋向来说，就业率高达90.48%。其三，从学术成果方面来说，吉林大学法学院发表的C刊总数超过2000篇，全国排名达到前十，为我国的法律事业做出了巨大的学术贡献。

吉林大学法学院学科专业建设成效显著，目前已具有一级学科博士授权点，设有法学理论、刑法学、民商法学、经济法学、宪法与行政法学、国际法学、法律史学共7个博士点及联办自设法政治学和法经济学两个博士点。在二级学科中设有法学理论、法律史学、宪法与行政法学、刑法学、诉讼法学、民商法学、经济法学、环境与资源保护法学、国际法学、军事法学10个法学硕士招生专业及1个法律硕士专业学位，其范围涵盖全部二级学科。

十一、上海交通大学

上海交通大学（Shanghai Jiao Tong University），简称上海交大，位于中国的经济、金融中心上海，教育部直属，具有理工特色，是一所涵盖理、工、医、经、管、文、法等九大学科门类的综合性全国重点大学，中国首批7所"211工程"、首批9所"985工程重点建设"院校之一，入选"珠峰计划""111计划""2011计划""卓越医生教育培养计划""卓越法律人才教育培养计划""卓越工程师教育培养计划""卓越农林人才教育培养计划"，是九校联盟、Universitas 21、21世纪学术联盟的重要成员。

上海交通大学办学历史可追溯到1896年（光绪二十二年）由清政府创立、盛宣怀督办的南洋公学，是中国高等教育的数个发端之一。南洋公学数易其名，经商部高等实业学堂、邮传部上海高等实业学堂、南洋大学堂、交通部上海工业专门学堂多个阶段，于1921年改组为交通大学（Chiao Tung University）；而后复遭波折，历交通部南洋大学、交通部第一交通大学、国立交通大学（上海本部）等阶段，至1949年剔去"国立"二字，径称"交通大学"。1959年7月31日，国务院批准交通大学上海部分、西安部分分别独立为两所学校，交通大学上海部分定名为"上海交通大学"。2005年7月，上海第二医科大学并入上海交通大学。

上海交通大学是中国最著名的高等学府之一，在工学、商学、医学领域拥有崇高的学术影响力。

在本次评估之中，通过从官方网站和官方发布的报告获取收集数据，并对上海交通大学进行指标评估体系相关分数的计算，得到结果如下表所示：

生师比	2.87	生师比分数	98.60
专任教师数	69.00	专任教师数分数	83.80
高级职称比	0.71	高级职称比分数	80.00
课程开设数	53.00	课程开设分数	74.67
总分师比	2.09	总分师比分数	62.76
总课师比	0.77	总课师比分数	83.28
课程结构	0.22	课程结构分数	80.22
稳定度	0.939	稳定度分数	83.76
总课生比	0.27	总课生比分数	92.05
人均C刊数	1.36	人均C刊分数	86.23
人均知网数	3.61	人均知网分数	91.41
就业率	100.00%	就业率分数	100.00
深造总人数	－	深造人数分数	50.00
2019年知网论文总数	249	2019年知网论文总数分数	59.84
2019年C刊论文总数	94	2019年C刊论文总数分数	60.22
最终得分	91.33	星级	★★★★

其一，上海交通大学的优势主要在于师生比（根据"师生比分数"显示）和就业率（根据"就业率分数"显示），上海交通大学的生师比高达2.87，高级职称比也达到了0.71，分数为80.00。教学质量在专任教师数量与质量的保证下能够得到可靠提升。其二，上海交通大学的稳定度分数较高。其三，课生比达0.27，一定程度上保证了教学质量，这一点也体现在如下的教学科研成果上。该校的人均C刊数和人均知网

数都较高，就业率更是达到了 100%，为我国的科研建设做出了突出贡献，为各行各业输出大量人才。上海交通大学的法学院在知网发表和 C 刊总数这两个方面也都有着突出表现，为法治事业的发展做出了自己的贡献。

截至 2013 年 12 月，上海交通大学共有 28 个学院、直属系，26 个直属单位，12 家附属医院，在 64 个本科专业招生。截至 2014 年 1 月，学校有一级学科博士学位授权点 36 个，一级学科硕士学位授权点 57 个，博士专业学位授权点 3 个、硕士专业学位授权点 21 个；拥有 9 个一级学科国家重点学科，11 个国家二级重点学科，7 个国家重点（培育）学科，上海市重点建设的学科数 55 个；另设有 32 个博士后流动站。

截至 2013 年 12 月，该校有专任教师 2851 名，其中教授 872 名；中国科学院院士 18 名，中国工程院院士 22 名，中组部顶尖"千人计划" 1 名，"千人计划"长期项目 71 名、外专项目 6 名、短期项目 7 名，"青年千人" 56 名，"长江学者"特聘教授和讲座教授共 117 名，国家杰出青年基金获得者 98 名，国家重点基础研究发展计划（973 计划）首席科学家 30 名，国家重大科学研究计划首席科学家 14 名，国家基金委创新研究群体 9 个，国家级教学团队 8 个，教育部创新团队 20 个。截至 2014 年，上海交大拥有国家级教学及人才培养基地 11 个，国家级校外实践教育基地 7 个，国家级实验教学示范中心 6 个，国家工程实践教育中心 5 个；有国家级精品课程 46 门，包含国家级视频公开课 13 门、国家级精品资源共享课程 18 门，上海市精品课程 134 门，其中包含国家级双语示范课程 7 门。

十二、中南财经政法大学

中南财经政法大学（Zhongnan University of Economics and Law）是中华人民共和国教育部直属的一所以经济学、法学、管理学为主干，兼含哲学、文学、史学、理学、工学、艺术学等九大学科门类的全国重点大学，是国家"211 工程""985 工程优势学科创新平台""双一流"世界一流学科重点建设院校，财经类一流学科建设联盟理事长单位，入选"2011 计划""教育部人文社科重点研究基地""国家建设高水平大学公派研究生项目""卓越法律人才教育培养计划"，是中国大陆地区第七所 AMBA、CFA 协会认证院校，是教育部表彰的"全国毕业生就业典型经验高校"，由教育部、财政部和湖北省人民政府三方共同建设。

中南财经政法大学法学院办学历史起源于 1952 年 9 月成立的中原大学政法学院。1953 年，以中原大学政法学院为基础，合并中山大学、广西大学、湖南大学的政法系科，成立中南政法学院。学院教学与科研机构完善：下设理论法学系、宪法与行政法学系、诉讼法学系、民商法学系、经济法学系、国际法学系，国际经济法学系及一个实践教学中心，设有国家重点人文社会科学研究基地——知识产权研究中心、法学研究中心、湖北地方立法研究中心及司法考试研究与培训中心。此外，学院成立了法律史研究所、宪政理论研究所、民商法典研究所、知识产权法研究所、经济法研究所、欧洲法与比较法研究所、军事法研究所、环境资源法研究所、人权研究所、现代行政法研究中心、侵权行为法研究所等 31 个科研机构。取得了博士、硕士、学士及第二学士学位授予权和接受同等学历人员申请硕士学位的学位授予权。

2009 年 3 月，为顺应法学、公安教育改革形势，以中南财经政法大学原公安学院与原法学院刑法学系为基础组建成立中南财经政法大学刑事司法学院。学院下设刑法学系、警事科学系和刑事政策教学与研究中心 3 个系级教学机构，共 7 个教研室，拥有完整的从本科到博士的人才培养体系，本科设法学专业（刑事司法方向）、侦查学专业、治安学专业、边防管理专业，拥有刑法学、侦查学二个博士学位授权点及刑法学、侦查学、治安学三个硕士学位授权点。

在对高校法学院的评估之中，通过从官方网站和官方发布的报告获取收集数据，并对中南财经政法大学进行指标评估体系相关分数的计算，得到结果如下表所示：

生师比	21.33	生师比分数	69.93
专任教师数	210.00	专任教师数分数	93.32
高级职称比	0.61	高级职称比分数	72.47
课程开设数	127.00	课程开设分数	96.23
总分师比	0.83	总分师比分数	53.16
总课师比	0.60	总课师比分数	89.12

课程结构	0.08	课程结构分数	71.81
稳定度	0.866	稳定度分数	76.64
总课生比	0.03	总课生比分数	66.12
人均 C 刊数	1.10	人均 C 刊分数	84.36
人均知网数	2.80	人均知网分数	90.69
就业率	91.08%	就业率分数	91.08
深造总人数	443	深造人数分数	88.12
2019 年知网论文总数	587	2019 年知网论文总数分数	69.98
2019 年 C 刊论文总数	230	2019 年 C 刊论文总数分数	72.46
最终得分	91.18	星级	★★★★

通过将各组数据与总数据中全国各高校的评估分项进行排名对比，针对中南财经政法大学法学院设置相关情况，得出以下结论：中南财经政法大学在师资力量、课程设置等方面在全国法学院排名中处于中等水平，但是从学术成果方面来说，中南财经政法大学成果颇丰，2014 ~ 2018 年法学院知网发表数为 210 篇，2019 年法学院知网发表数 587 篇，为我国法学教育的发展和法制建设事业做出巨大贡献。从中南财经政法大学毕业生流向来看，其大部分毕业生都选择了深造（根据"深造人数"和其排名显示），说明毕业生大多希冀寻求更高等的院校进行深造，这也从另一方面说明中南财经政法大学在法学专科培养上为各大高校的研究生院等研究机构注入很多新鲜力量。

学院现拥有知识产权国家级教学团队；拥有国家级法学实验教学中心；拥有五门国家级精品课程，分别是知识产权法学、民商法学、宪法学、中国法制史和国际私法学。拥有国家级精品视频公开课——知识创新、知识经济与知识产权；拥有校级精品视频公开课——劳动者权益及其保护。拥有知识产权法、民法学、宪法学和国际私法学等四门国家级精品资源共享课，拥有行政法与行政诉讼法学、外国法制史等二门省级精品资源共享课；拥有中国法制史一门校级精品资源共享课；"社会管理法治建设"团队入选教育部"创新团队发展计划"。学院形成了科研与教学、理论与实践、专业教育与素质教育相结合的办学特色。2000

年以来，学院获得科研成果奖 357 项；培养硕士研究生千余人；授予学士学位 17 000 余人。以上都可说明中南财经政法大学法学院倡导的"博学、韬奋、诚信、图治"的精神。

十三、浙江大学

浙江大学（Zhejiang University），简称浙大，直属于中华人民共和国教育部，是中国著名顶级学府之一，是中国"学科最齐全""学生创业率最高"的大学，是首批"211 工程""985 工程""双一流"重点建设的全国重点大学之一，是九校联盟、环太平洋大学联盟、世界大学联盟、中国大学校长联谊会成员，入选"珠峰计划""2011 计划""111 计划"，教育部首批"卓越法律人才教育培养计划""卓越工程师教育培养计划""卓越医生教育培养计划""卓越农林人才教育培养计划"改革试点高校。

浙江大学光华法学院的前身是 1945 年建立的浙江大学法学院，学院现有一级学科博士学位授权点（法学），一级学科硕士学位授权点（法学），博士后科研流动站，拥有国家重点学科 1 个（宪法学与行政法学）、浙江省重点学科 2 个（宪法学与行政法学、民商法学）。学院于 2012 年入选国家卓越法律人才教育培养计划，是全国首批应用型、复合型法律职业人才培养基地和涉外法律职业人才培养基地。于 2015 年入选"2011 计划"中的司法文明协同创新中心。

在本次评估之中，通过从官方网站和官方发布的报告获取收集数据，并对浙江大学法学院进行指标评估体系相关分数的计算，得到结果如下表所示：

生师比	9.33	生师比分数	82.75
专任教师数	61.00	专任教师数分数	82.20
高级职称比	0.72	高级职称比分数	79.46
课程开设数	48.00	课程开设分数	71.33
总分师比	2.86	总分师比分数	71.26
总课师比	0.79	总课师比分数	81.12

课程结构	0.13	课程结构分数	74.77
稳定度	-	稳定度分数	50.00
总课生比	0.08	总课生比分数	74.87
人均 C 刊数	1.97	人均 C 刊分数	90.46
人均知网数	7.07	人均知网分数	94.45
就业率	95.14%	就业率分数	95.14
深造总人数	34	深造人数分数	55.40
2019 年知网论文总数	431	2019 年知网论文总数分数	65.30
2019 年 C 刊论文总数	120	2019 年 C 刊论文总数分数	62.56
最终得分	90.90	星级	★★★★

通过将各组数据与总数据中全国各高校的评估分项进行排名对比，在全国各高校法学院中，浙江大学法学院最大的优势就是学术成果颇丰，其人均 C 刊数达到 1.97 篇，2014～2018 年在 C 刊上发表的文章数为 338 篇，2019 年在 C 刊上发表的文章数为 120 篇，为我国法学建设贡献了许多学业成果。但是在师资力量，学科建设等方面，浙江大学法学院都处在中等水平，上述几点也是浙江大学法学院今后的发展目标和方向。

十四、厦门大学

厦门大学（Xiamen University），简称厦大（XMU），由著名爱国华侨领袖陈嘉庚先生于 1921 年创办，是中国近代教育史上第一所华侨创办的大学，是国内最早招收研究生的大学之一，被誉为"南方之强"。

学校是中华人民共和国教育部直属的副部级大学，教育部、福建省和厦门市共建高校，是世界一流大学建设高校、国家"2011 计划"牵头高校，入选"211 工程""985 工程""111 计划""珠峰计划""卓越工程师教育培养计划""卓越法律人才教育培养计划""卓越医生教育培养计划""海外高层次人才引进计划""国家建设高水平大学公派研究生项目""中国政府奖学金来华留学生接收院校"。

截至 2017 年 3 月，学校占地 9000 多亩，校舍建筑总面积 210 多万平方米，图书馆馆藏纸质图书总量 410 多万册，固定资产总值 91 亿元，仪器设备总值 28 亿元；拥有 8 家附属医院，设有 6 个学部以及 28 个学院（含 76 个系）和 14 个研究院，有 31 个博士学位授权一级学科，50 个硕士学位授权一级学科；有专任教师 2718 人，在校学生近 40000 余人，其中硕士研究生 16 390 人，博士研究生 3229 人。

厦门大学是我国较早开办高等法学教育的院校之一，1926 年 6 月，厦门大学设立了法科。90 多年来，法学学科秉承"自强不息、止于至善"的校训，坚持"民主建院、学术立院"的方针，发扬"严谨治学，求是创新"的学风，目前在人才培养、科学研究、社会服务、国际交流和文化传承与创新等方面有了长足的发展。国际经济法学科的综合实力位居全国前列，自 1993 年开始一直是中国国际经济法学会挂靠单位和会长所在机构。国际法学为国家重点学科，财税法教学团队为国家级教学团队。国际投资法、国际税法及罗马法研究在国际上颇有影响。国际投资法研究方向已具有相当的国际影响，联合国贸发会议于 2010 年遴选国际投资法"全球 15 所法学院领航项目"（G - 15 Law School Pilot Project）成员，厦门大学法学院成为中国大陆地区唯一入选的院校。

通过从厦门大学官网和官方发布的报告中收集到的数据，并对厦门大学法学院进行指标评估体系的相关分数计算，得到下表：

生师比	13.40	生师比分数	76.91
专任教师数	81.00	专任教师数分数	86.20
高级职称比	0.74	高级职称比分数	80.90
课程开设数	93.00	课程开设分数	91.82
总分师比	1.91	总分师比分数	60.45
总课师比	1.15	总课师比分数	75.57
课程结构	0.09	课程结构分数	72.49
稳定度	1.05	稳定度分数	86.00
总课生比	0.09	总课生比分数	75.14
人均 C 刊数	0.99	人均 C 刊分数	83.60
人均知网数	3.02	人均知网分数	90.90

续表

就业率	90.10%	就业率分数	90.10
深造总人数	53	深造人数分数	56.92
2019 年知网论文总数	245	2019 年知网论文总数分数	59.72
2019 年 C 刊论文总数	80	2019 年 C 刊论文总数分数	58.96
最终得分	90.77	星级	★★★★

通过数据分析可以得出：其一，厦门大学法学院主要在课程结构的设置上具有突出优势，课程结构分数超过全国众多高校的法学院。其二，厦门大学法学院设置体系较为完善成熟，厦门大学的稳定度达到 1.05，稳定度分数也远远高于全国各大高校。其三，从厦门大学的毕业生趋向来看，就业率达到 90.10%，在各高校就业率水平中处于上游，但是选择继续深造的学生数量在全国属于中等水平。其四，在学术结果方面，厦门大学法学院历年发表的 C 刊总数有 1200 多篇，2019 年人均知网分数也高达 90.90。

学院现拥有法学博士后科研流动站、法学一级学科博士学位授予权和硕士学位授予权、以及 1 个法律专业硕士（JM）学位点。

学院设有法学理论、宪法与行政法学、民商法学、刑法学、经济法学、诉讼法学、国际法学、法律史学、财税法等 9 个教研室，此外还建立了厦门大学国际经济法研究所、厦门大学海洋政策与法律研究中心、厦门大学经济法研究中心、厦门大学国际税法与比较税制研究中心、厦门大学知识产权教育与研究中心、厦门大学经济犯罪研究中心、厦门大学公证法律与信息化研究中心、厦门大学社会治理与软法研究中心等校批研究机构，并成立了法律硕士教育中心和教学实验中心。此外，还有罗马法研究所等 23 个院批研究机构。建有多个重要实验教学和科研平台：设有教育部"应用型、复合型卓越法律人才教育培养基地"、教育部"涉外卓越法律人才教育培养基地"、教育部"法学教育实践基地"、国家知识产权培训（福建）基地；"财税金融法制法治研究中心"、"立法研究中心"等福建省高等学校人文社科创新平台和福建省哲学人文社科基地"国际经济法研究中心"；参与 2011 两岸关系和平发展协同创新中心。

2012 年在教育部学位与研究生教育发展中心第三轮法学学科评估

中，厦大法学一级学科排名第十。国际法学为国家重点学科，财税法教学团队为国家级教学团队。民商法学、宪法学与行政法学、经济法学为福建省重点学科。2012 年法学一级学科入选为福建省特色重点学科和福建省省级重点学科。"国际经济法与台港澳法研究""国际经济法与海洋法研究"和"国际法律制度、两岸法律问题及和平发展研究"先后获准列入国家"211 工程"第一期、第二期和第三期重点建设项目，法学学科获准列入"985 工程"建设项目。

国际投资法、国际税法及罗马法研究在国际上颇有影响。联合国贸发会议遴选国际投资法"全球 15 所法学院领航项目"（G－15 Law School Pilot Project）成员，厦门大学法学院成为中国大陆唯一入选院校。厦门国际法高等研究院为亚太地区最具影响的国际法学术交流平台之一。

十五、西北政法大学

西北政法大学（Northwest University of Political Science and Law），简称西法大，坐落于世界历史文化名城西安，是一所法学特色鲜明，哲学、经济学、管理学、文学等学科相互支撑、协调发展的多科性大学。学校是西北地区法学教育研究中心和人文社会科学研究的重要基地，是被誉为政法人才培养国家队的"五院四系"之一，是陕西省重点建设的高水平大学、一流学科建设高校，是全国法学高等教育"立格联盟"和西安高水平有特色高校"长安联盟"的成员单位。

学校办学历史悠久，文化底蕴深厚。前身是 1937 年中国共产党在延安创办的陕北公学。历经延安大学、西北人民革命大学、西北政法干部学校、中央政法干部学校西北分校等时期，1958 年西北大学法律系成建制调入，组建西安政法学院，后更名为西北政法学院、西北政法大学。建校 80 多年来，学校扎根祖国西部，形成了"政治坚定、实事求是、勇于创新、艰苦奋斗"的老延大优良传统，铸就了"严谨、求实、文明、公正"的校训，凝练了"法治信仰、中国立场、国际视野、平民情怀"的育人理念，培养了 15 万余名德才兼备、德法兼修的高素质专门人才，并以"专业扎实、工作踏实、作风朴实、为人诚实"特点深受用人单位和社会各界好评。

在本次评估之中，通过从官方网站和官方发布的报告获取收集数据，并对西北政法大学进行指标评估体系相关分数的计算，得到结果如下表所示：

生师比	24.37	生师比分数	67.00
专任教师数	291.00	专任教师数分数	95.42
高级职称比	–	高级职称比分数	50.00
课程开设数	21.00	课程开设分数	54.00
总分师比	0.66	总分师比分数	52.02
总课师比	0.07	总课师比分数	100.00
课程结构	0.12	课程结构分数	74.37
稳定度	0.952	稳定度分数	86.35
总课生比	0.00	总课生比分数	50.00
人均C刊数	0.28	人均C刊分数	78.66
人均知网数	2.22	人均知网分数	90.19
就业率	87.48%	就业率分数	87.48
深造总人数	14	深造人数分数	53.80
2019年知网论文总数	647	2019年知网论文总数分数	71.78
2019年C刊论文总数	82	2019年C刊论文总数分数	59.14
最终得分	90.44	星级	★★★☆

其一，西北政法大学拥有雄厚的教师资源，专任教师总数291人，远高于其他高校；其二，从就业率看，西北政法大学为社会输送了大量优质的专业人才，就业率达87.48%。体现出其在人才培养方面优异的专业深度，培养的法律人才社会认可度较高。

十六、北京航空航天大学

北京航空航天大学（Beihang University），简称北航，由中华人民共和国工业和信息化部直属，中央直管副部级建制，位列"双一流""211工程""985工程"，入选"珠峰计划""2011计划""111计划"

"卓越工程师教育培养计划"，为国际宇航联合会"中欧精英大学联盟""中国西班牙大学联盟""中俄工科大学联盟"成员，是全国第一批 16 所重点高校之一、80 年代恢复学位制度后全国第一批设立研究生院的 22 所高校之一，也是新中国第一所航空航天高等学府。

北京航空航天大学成立于 1952 年，由当时的清华大学、北洋大学、厦门大学、四川大学等八所院校的航空系合并组建；1988 年 4 月，国家教委批准，北京航空学院改名为北京航空航天大学；1989 年，学校成为国家八五期间全国 14 所重点建设的高校之一；1997 年，学校进入国家"211 工程"建设高校行列；2001 年，学校进入国家"985 工程"建设高校行列；2011 年，学校成为国家"珠峰计划"院校之一；2012 年，学校入选首批"2011 计划"。

截至 2016 年 3 月，学校拥有 8 个一级学科国家重点学科，28 个二级学科国家重点学科，9 个北京市重点学科，28 个国防特色重点学科，排名全国前十名的学科共 13 个。有 22 个博士学位授权一级学科点，39 个硕士学位授权一级学科点，20 个博士后科研流动站。学校构建"优势工科、扎实理科、精品文科"的学科发展生态，基本形成空天信融合互动、理工文综合交叉的学科协调发展体系。在航空、航天、动力、信息、材料、仪器、制造、管理等学科领域具有明显的比较优势，形成了航空航天与信息技术两大优势学科群，工程学、材料科学、物理学、计算机科学、化学五个学科领域的 ESI 排名进入全球前 1%，工程学进入全球前 1‰

北京航空航天大学法学院（简称北航法学院）诞生于 20 世纪 90 年代，兴起于我国高等教育现代转型与建设特色新型工业化国家的浪潮之中。早在建校初期，北京航空航天大学就成立了政治教研室，其中有数位法学教师。北航法学院设置了"民法研究中心""商法与经济法研究中心""国际法研究中心""诉讼法研究中心""法学理论与法律史研究中心""宪法与行政法研究中心""刑事法研究中心"共七个基础学术机构。学院还设立了"法律基础中心"、"法律实践中心"和"公益法律服务中心"三个教学辅助单位。

学院致力发展战略特色法学，依托学校在国家工业信息化特别是空天信领域的独特背景，同时将服务于国家工业信息化法治需求作为建设重点，打造工业和信息化战略法学学科，范围涉及现代产业法学、航空航天法学、频谱通信法学、知识产权和科技法学、网络信息法学等，

2014 年 12 月整合成立"工业和信息化法治研究院"，2015 年 6 月获批国家工业和信息化部首批部属重点实验室（工业和信息化法治战略与管理重点实验室）。研究院下辖"知识产权与科技法研究所"（1997 年）、"外层空间法研究所"（2000 年）、"航空法研究所"（2007 年）、"国家工业和信息化法治研究中心（法律与科技中心）"（2007 年）、"亚太保险法研究中心"（2008 年）、"频谱法律与标准研究所"（2010 年）、"科技证据法律与实验中心"（2010 年）、"网络信息与安全法律研究中心"（2014）等特色研究机构。

在本次评估之中，通过从官方网站和官方发布的报告获取收集数据，并对北京航空航天大学法学院进行指标评估体系相关分数的计算，得到结果如下表所示：

生师比	3.37	生师比分数	97.58
专任教师数	60.00	专任教师数分数	82.00
高级职称比	0.75	高级职称比分数	81.25
课程开设数	41.00	课程开设分数	66.15
总分师比	3.21	总分师比分数	73.16
总课师比	0.68	总课师比分数	86.31
课程结构	0.26	课程结构分数	82.74
稳定度	－	稳定度分数	50.00
总课生比	0.20	总课生比分数	90.00
人均 C 刊数	1.03	人均 C 刊分数	83.92
人均知网数	2.13	人均知网分数	90.11
就业率	89.36%	就业率分数	89.36
深造总人数	29	深造人数分数	55.00
2019 年法学院知网发表	128	2019 年知网论文总数分数	56.21
2019 年 C 刊论文总数	62	2019 年 C 刊论文总数分数	57.34
最终得分	90.37	星级	★★★☆

通过将各组数据与总数据中全国各高校的评估分项进行排名对比，

北京航空航天大学法学院最大的优势就是师资配比合理性高（"生师比分数"显示），由于各大高校优势学科存在差异，以工科见长的北京航空航天大学，在法学院建设上，法学专职教师数量和质量都处在中游，在中国知网等核心学术论坛网站书刊等平台发表的文章数量和质量在全国法学院中也处于中游水平，在毕业生去向方面，北航法学院的本科毕业生大都选择继续深造（"就业率"和"继续深造总人数显示"）。因此，北京航空航天大学在法学院建设方面还应该加大投入力度，提高法学院的教学水平，相信今后会有很好的发展前景。

十七、复旦大学

复旦大学（Fudan University），简称复旦，位于中国上海，由中华人民共和国教育部直属，中央直管副部级建制，位列"211 工程""985 工程"，入选"双一流""珠峰计划""111 计划""2011 计划""卓越医生教育培养计划"，为"九校联盟"成员、中国大学校长联谊会成员、东亚研究型大学协会成员、环太平洋大学协会成员、21 世纪大学协会成员，是一所综合性研究型的全国重点大学。

复旦大学创建于 1905 年，原名复旦公学，是中国人自主创办的第一所高等院校，创始人为中国近代知名教育家马相伯，首任校董为孙中山。校名"复旦"二字选自《尚书大传·虞夏传》名句"日月光华，旦复旦兮"，意在自强不息，寄托当时中国知识分子自主办学、教育强国的希望。1917 年复旦公学改名为私立复旦大学；1937 年抗战爆发后，学校内迁重庆北碚，并于 1941 年改为"国立"；1946 年迁回上海江湾原址；1952 年全国高等学校院系调整后，复旦大学成为以文理科为基础的综合性大学；1959 年成为全国重点大学。2000 年，原复旦大学与原上海医科大学合并成新的复旦大学。截至 2017 年 5 月，学校占地面积 244.99 万平方米，建筑面积 200.20 万平方米。

复旦师生谨记"博学而笃志，切问而近思"的校训，力行"刻苦、严谨、求实、创新"的学风，发扬"爱国奉献、学术独立、海纳百川、追求卓越"的复旦精神，以服务国家为己任，以培养人才为根本，以改革开放为动力，为实现中国梦作出新贡献。

在本次评估之中，通过从官方网站和官方发布的报告获取收集数据，并对复旦大学进行指标评估体系相关分数的计算，得到结果如下表所示：

生师比	19.55	生师比分数	71.82
专任教师数	58.00	专任教师数分数	81.60
高级职称比	0.84	高级职称比分数	89.57
课程开设数	51.00	课程开设分数	73.33
总分师比	2.66	总分师比分数	70.34
总课师比	0.88	总课师比分数	79.70
课程结构	0.05	课程结构分数	70.29
稳定度	1.03	稳定度分数	90.00
总课生比	0.04	总课生比分数	62.49
人均 C 刊数	1.33	人均 C 刊分数	85.98
人均知网数	3.78	人均知网分数	91.56
就业率	97.37%	就业率分数	97.37
深造总人数	—	深造人数分数	50.00
2019 年知网论文总数	219	2019 年知网论文总数分数	58.94
2019 年 C 刊论文总数	77	2019 年 C 刊论文总数分数	58.69
最终得分	90.33	星级	★★★☆

从上表可以看出，复旦大学的教师资源十分丰富，突出之处在于其高级职称比分数高达 89.57，专任教师有 58 人。截至 2015 年 5 月，学校有全职在编专任教师 2527 人、专职科研人员 303 人，其中具有高级专业技术职务人员 2080 人，获博士学位人员 2202 人，有海外学习经历人员 750 人。教师中有中国科学院、中国工程院院士 40 人（其中全职两院院士 26 人），复旦文科杰出教授 2 人、特聘资深教授 11 人。复旦大学的就业率高达 97.37%，为学生未来的发展提供了一定保障，也为各行各业输送了不少人才。学校的稳定度分数高达 90.00 分。

在未来，复旦大学的发展主要可以集中于下列几个方面：其一，增加课程开设数，提高分师比和课生比的分数。其二，应当注重对学生的可持续的继续发展的培养，提高继续深造总人数的分数。相信复旦大学之后定会有更好的发展，为中国的建设输送更多人才。

十八、辽宁大学

辽宁大学（Liaoning University），简称辽大，是辽宁省人民政府主管的一所具备文、史、哲、经、法、理、工、管、艺等九大学科门类的综合性重点大学，是国家"211工程"重点建设院校，是"卓越法律人才教育培养计划"入选院校，是设有国家经济学基础人才培养基地的十三所高校之一。

辽宁大学法学院创建于1980年，前身为辽宁大学法律系，是辽宁省第一所法学全日制本科教学研究与人才培养基地。作为当时省内唯一一所招收法律专业本科生的教学基地，辽宁大学集中了辽宁省内高水平的法学教育和科研人才。经过近20年的发展历程，法学院形成了一支专业齐全、结构较为合理、教学与科研水平在省内具有很强优势的教师队伍。

辽宁大学法学院是首批国家卓越法律人才（应用型、复合型）教育培养基地和全国政法干警招录培养体制改革试点建设单位；法学专业是国家级特色专业建设点，辽宁省创新创业教育改革试点专业，辽宁省综合改革试点专业，辽宁省示范性专业；法学学科被列入辽宁省高校一流特色学科一层次。

在本次评估之中，通过从官方网站和官方发布的报告获取收集数据，并对辽宁大学进行指标评估体系相关分数的计算，得到结果如下表所示：

生师比	12.13	生师比分数	78.81
专任教师数	55.00	专任教师数分数	81.00
高级职称比	0.75	高级职称比分数	89.56
课程开设数	–	课程开设分数	50.00
总分师比	3.02	总分师比分数	72.12
总课师比	–	总课师比分数	50.00
课程结构	–	课程结构分数	50.00
稳定度	1.178	稳定度分数	73.86

续表

总课生比	–	总课生比分数	50.00
人均 C 刊数	0.42	人均 C 刊分数	79.62
人均知网数	4.91	人均知网分数	92.55
就业率	96.25%	就业率分数	96.25
深造总人数	–	深造人数分数	50.00
2019 年知网论文总数	270	2019 年知网论文总数分数	60.47
2019 年 C 刊论文总数	23	2019 年 C 刊论文总数分数	53.83
最终得分	90.25	星级	★★★☆

其一，从就业率看，辽宁大学法学院为社会输送了大量的优质人才，就业率高达 96.25%；其二，经过近 20 年的发展历程，法学院形成了一支专业齐全、结构较为合理、教学与科研水平在省内具有很强优势的教师队伍。

辽宁大学法学院现有法学一级学科博士学位授权点、法学一级学科硕士学位授权点（9 个硕士学位点）和法律硕士专业学位授权点，法学博士后科研流动站，辽宁省创新团队—市场经济法保障团队、辽宁省人文社会科学重点研究基地—经济法制研究中心、辽宁省省级重点学科—经济法学（辽宁省特色学科建设工程提升计划）、国际法学（辽宁省特色学科建设工程培育计划）。博士点现开设有经济法、民商法、国际法、法学理论、法律史、诉讼法学、老年法与老年教育、财税法学等八个专业。

十九、南开大学

南开大学（Nankai University），简称南开，肇始于 1904 年，正式成立于 1919 年，是由严修、张伯苓秉承教育救国理念创办的综合性大学。1937 年校园遭侵华日军炸毁，学校南迁，1938 年与北京大学、清华大学在云南昆明合组西南联合大学，为中华民族振兴和国家富强作出了不可磨灭的重要贡献。1946 年回天津复校并改为国立。新中国成立后，经历高等学校院系调整，成为文理并重的全国重点大学。

南开大学由中华人民共和国教育部直属，位列国家"211 工程"和"985 工程"，入选首批"2011 计划""111 计划""珠峰计划""卓越法律人才教育培养计划"，被誉为"学府北辰"。

"渤海之滨，白河之津；汲汲骎骎，月异日新"，南开大学秉承"允公允能、日新月异"之校训，弘扬"爱国敬业、创新乐群"的光荣传统和"文以治国、理以强国、商以富国"的理念，正在向建成世界一流大学的宏伟目标阔步前进。

南开大学法学院于 2004 年 5 月成立，由原法学系、法学研究所和国际经济法研究所等单位组成。学院围绕师资队伍建设，努力实施"名家、名著、名派"工程，培养名师，出版名著，形成名派，建设一流的学术队伍。

2011 年南开大学法学院在学科建设获得重大突破，成功申报法学一级学科博士点和天津市一级重点学科。南开法学院现有法学一级学科博士点、法律硕士（JM）专业学位点和法学本科专业，其中法学一级学科为天津市一级重点学科，涵盖九个二级学科均为天津市重点学科。

在本次评估之中，通过从官方网站和官方发布的报告获取收集数据，并对南开大学进行指标评估体系相关分数的计算，得到结果如下表所示：

生师比	12.69	生师比分数	79.16
专任教师数	58.00	专任教师数分数	81.60
高级职称比	0.79	高级职称比分数	85.26
课程开设数	–	课程开设分数	50.00
总分师比	–	总分师比分数	50.00
总课师比	–	总课师比分数	50.00
课程结构	–	课程结构分数	50.00
稳定度	1.00	稳定度分数	100.00
总课生比	–	总课生比分数	50.00
人均 C 刊数	1.41	人均 C 刊分数	86.59
人均知网数	4.55	人均知网分数	92.24

续表

就业率	82.61%	就业率分数	82.61
深造总人数	36	深造人数分数	55.56
2019年知网论文总数	264	2019年知网论文总数分数	60.29
2019年C刊论文总数	82	2019年C刊论文总数分数	59.14
最终得分	90.20	星级	★★★★

其一，南开大学的优势主要在于专任教师数量高达58位，高级职称比也达到了0.79，分数为85.26，教学质量在专任教师数量与质量的保证下能够得到可靠提升；其二，南开大学的稳定度分数较高；其三，南开大学在2019年法学院知网发表数和2019年C刊总数这两个方面也都有着突出表现，为法治事业的发展做出了贡献。

法学院依托南开大学深厚的文化底蕴和优良的办学传统，在课堂教学、校园文化、社会实践三个环节都以养成学生的法律职业能力为核心，着力培养应用型、复合型的法律职业人才。

二十、北京师范大学

北京师范大学（Beijing Normal University），简称北师大，由中华人民共和国教育部直属，中央直管副部级建制，位列"211工程""985工程"，入选国家"珠峰计划""2011计划""111计划""卓越法律人才教育培养计划"，设有研究生院，是一所以教师教育、教育科学和文理基础学科为主要特色的综合性全国重点大学。

北京师范大学的前身是1902年创立的京师大学堂师范馆；1908年，改称京师优级师范学堂，独立设校。1912年，改名为北京高等师范学校。1923年，学校更名为北京师范大学，成为中国历史上第一所师范大学。1931年，北平女子师范大学并入北京师范大学。1950年，毛主席为北京师范大学亲笔题写校名；1952年，辅仁大学并入北京师范大学。2002年百年校庆之际，中华人民共和国教育部和北京市决定重点共建北京师范大学；2002年5月，北京市第九次党代会将北京师范大学列入支持建设的世界一流大学的行列。

清代末年建校以来，北京师范大学始终同中华民族争取独立、自由、民主、富强的进步事业同呼吸、共命运，在"五四"、"一二·九"等爱国运动中发挥了重要作用。李大钊、鲁迅、梁启超、钱玄同、吴承仕、黎锦熙、陈垣、范文澜、侯外庐、白寿彝、钟敬文、启功、胡先骕、汪堃仁、周廷儒等名师先贤曾在此弘文励教。学校秉承"爱国进步、诚信质朴、求真创新、为人师表"的优良传统和"学为人师，行为世范"的校训精神，形成了"治学修身，兼济天下"的育人理念。

在本次评估之中，通过从官方网站和官方发布的报告获取收集数据，并对北京师范大学进行指标评估体系相关分数的计算，得到结果如下表所示：

生师比	7.10	生师比分数	85.13
专任教师数	90.00	专任教师数分数	88.00
高级职称比	0.84	高级职称比分数	89.98
课程开设数	81.00	课程开设分数	90.26
总分师比	2.10	总分师比分数	62.93
总课师比	0.90	总课师比分数	79.38
课程结构	0.07	课程结构分数	71.07
稳定度	1.018	稳定度分数	94.15
总课生比	0.13	总课生比分数	81.86
人均 C 刊数	1.43	人均 C 刊分数	86.72
人均知网数	4.94	人均知网分数	92.59
就业率	94.39%	就业率分数	94.39
深造总人数	69	深造人数分数	58.20
2019 年知网论文总数	445	2019 年知网论文总数分数	65.72
2019 年 C 刊论文总数	129	2019 年 C 刊论文总数分数	63.37
最终得分	90.13	星级	★★★☆

据上表可见，北京师范大学的优势主要在于其稳定度十分突出，各项分别是 1.018、−0.018 和 0.018，最终的稳定度分数高达 94.15 分，

相比其他学校在此方面，优势十分明显。此外，该校的就业率分数也高达94.39%，学生就业相对有保障。并且，北京师范大学注重对师生的科研水平的培养，其人均 C 刊分数达到 86.72 ，人均知网分数为92.59。在此方面，北京师范大学的法学院表现也比较突出，2019 年法学院知网发表总数和 2019 年 C 刊总数都较高，说明其法学院培养了大量相关学术人才。根据 2015 年 1 月学校官网显示，学校拥有国家文科基础学科人才培养和科学研究基地 2 个、国家理科基础科学研究和教学人才培养基地 5 个，国家卓越法律人才教育培养基地 2 个，教育部人才培养模式创新实验区 5 个，国家级实验教学示范中心 3 个，国家体制改革试点学院 1 个，国家级教育培养基地 3 个。

一方面，北京师范大学未来的发展可以侧重于其师资力量的建设，增加专任教师和现有高级职称教师的数量；另一方面，可以适当增加开设的课程数，注重课程结构的改善，努力提高分师比和课师比的分数，从而进一步为中国的师范事业和法学事业贡献自己的一份力量。